Georg Erwin Thaller

Silicon Valley

Ingenieure, Genies, Millionäre

Ingenieure, Genies, Millionäre

Andere Bücher aus dem Bereich der Technik und Gesellschaft vom gleichen Autor:

Geheimdienste

- o Spione und Patrioten: Die US-Geheimdienste
- o OSS: Der US-Geheimdienst im Zweiten Weltkrieg
- o Der Krieg im Untergrund
- o FBI: Die größten Fälle
- o Leibwächter: Der Secret Service
- o MIx: Die britischen Geheimdienste
- o Von der Tscheka zum KGB: Die russischen Geheimdienste
- o Chiffren
- o Top-Spione
- o Moscow Station: Die CIA im Reich des Bösen
- o Tummelplatz der Spione

Technik und Gesellschaft

- o Die größten ungeklärten Rätsel
- o Kalter Krieg, heiße Phasen
- o Cyber War: Die unsichtbare Front
- o Viren, Würmer und Trojanische Pferde
- o Katastrophen: Von Tschernobyl zum Tsunami
- o MANHATTAN-PROJEKT: Der Bau der US-Atombombe
- o Menschliches Versagen: Tatsache oder Mythos?
- o Das Internet: Die Anfänge
- o Die größten ungelösten Rätsel
- o Silicon Valley: Ingenieure, Genies, Millionäre

Biographien

- o James Bond: Im Dienst ihrer Britischen Majestät
- o Ian Fleming
- o Hoch gepokert: Der Kennedy-Clan
- o Marilyn Monroe: Von der Fabrik ins Filmstudio
- o Ronald Reagan: Von Hollywood ins Weiße Haus

Andere

- o Grauer Markt, großes Geld: Wie Anleger um ihre Ersparnisse gebracht werden
- o Piraten, Schrecken der Meere
- o Politische Morde: Die Fortsetzung des Kriegs mit anderen Mitteln?
- o Traumfabrik Hollywood: Stars, Filme und Skandale

RELEASE-ID: P:16.044.01.V05.VOLNA

Silicon Valley

It is being realized with a thud that the world is probably going to be ruled by those who know how, in the fullest sense, to apply science.
Vannevar Bush

Inhaltsverzeichnis

Prolog

Silicon Valley: Der Name weckt Assoziationen. Unternehmen wie Hewlett-Packard, Apple, Microsoft und Google kommen uns in den Sinn. Personen wie Gordon Moore, Steve Jobs oder Bill Gates tauchen auf. Und nicht zuletzt die Entdeckungen und Erfindungen, die die zweite Hälfte des 20. Jahrhunderts geprägt haben: Der Transistor, die integrierten Schaltungen, der Mikroprozessor und das Internet.

Doch wie ist das alles entstanden? Das Silicon Valley ist nicht mal ein richtiges Tal. Es handelt sich schlicht um ein paar kleine Orte in der flachen Ebene südlich der Bucht von San Francisco. Was zog Genies und Ingenieure nach Kalifornien? War es das milde Klima? Oder die Aussicht, viel Geld zu verdienen?

1 Die Pioniere

The pioneers are the ones with the arrows in their backs.
Steve Kalman

Ein paar Orte im Santa Clara County, darunter Palo Alto und San Jose, sind unter dem Sammelbegriff Silicon Valley ins Bewusstsein einer breiten Öffentlichkeit gerückt. Das ist umso erstaunlicher, als zunächst nichts auf diese Entwicklung hinwies. War das alles nur Zufall? Lag ein Plan vor? Oder kamen ein paar Dinge zusammen, die letztlich diese Orte so anziehend machten, dass dort eine ganze Reihe fähiger Köpfe daran gingen, Geschichte zu schreiben?

1.1 Aus ein paar Körnern Sand

To see a world in a grain of sand,
Hold infinity in the palm of your hand.
William Blake

Silicon, also Silizium, ist im Grunde Sand. Das ist ein Rohstoff, der in der Erdkruste in so reichem Ausmaß vorhanden ist, dass wir uns über seine Verfügbarkeit keine Gedanken zu machen brauchen. Anders als Rohöl ist er sogar ziemlich billig.

Wenn wir die Entwicklung verstehen wollen, die zur Entstehung des Silicon Valleys geführt hat, müssen wir zurückgehen in die 40er Jahre des vergangenen Jahrhunderts. In Berlin arbeitete ein Mann namens Conrad Zuse an der Entwicklung einer völlig neuartigen Rechenmaschine. In den USA standen John Mauchly [1] und J. Presper Eckert vor der gleichen Herausforderung. Am 5. Juni 1943 unterzeichnete die US Army einen Vertrag mit der Universität von Pennsylvania. Dabei ging es um den Bau eines Rechners, der den Namen Electronic Numerical Integrator and Computer (ENIAC) bekommen sollte. Dafür wurden $400 000 bereitgestellt.

Eckert und Mauchly setzten für ihren Computer Röhren ein, während Conrad Zuse in Berlin Relais vorzog. Beide Bauteile haben ihre Vor- und Nachteile. Röhren waren aus Radios bekannt und wurden in großen Stückzahlen produziert. Das Problem war ihre Unzuverlässigkeit. Beim Ein- und Ausschalten des Computers fielen sie reihenweise aus. Das führte im Betrieb dazu, dass man die ENIAC in der Nacht einfach nicht mehr abschaltete.

Das Relais als ein elektromechanisches Stellglied hat den Nachteil, dass es relativ langsam ist. Dadurch wird die Geschwindigkeit begrenzt, mit der der Computer Operationen durchführen kann.

Ein bleibendes Verdienst von Conrad Zuse ist es ohne Zweifel, dass er von Anfang an auf das binäre Zahlensystem gesetzt hat. In diesem System, in dem es nur die Ziffern Null und Eins gibt, werden Rechenoperationen verblüffend einfach. Sehen wir uns das am Beispiel der Addition an:

0	+	0	=	0
0	+	1	=	1
1	+	0	=	1
1	+	1	=	10

Ähnlich unkompliziert stellen sich Multiplikationen dar:

0	×	0	=	0
0	×	1	=	0
1	×	0	=	0
1	×	1	=	1

Wer als Schüler die Wahl hat, ob er das kleine Einmaleins im herkömmlichen Dezimalsystem oder im Binärsystem lernen muss, sollte sich für das Letztere entscheiden. Es ist sehr viel einfacher. Der Nachteil liegt natürlich darin, dass Zahlen sehr lang werden können.

Sowohl Zuse als auch die beiden Entwickler in den USA benötigten also ein Schaltelement, das zwei Zustände schnell, effizient und zuverlässig darstellen konnte: Null oder Eins, offen oder geschlossen.

Weder das Relais noch Röhren konnten diese Anforderungen voll erfüllen. Doch bereits in den 1930er Jahren hatte in New Jersey eine Entwicklung begonnen, die in absehbarer Zeit für eine Lösung sorgen sollte. Mervin J. Kelly, der Leiter der Bell Labs, hatte im Jahr einen jungen Physiker namens William Shockley eingestellt. Bell Labs war damals die wichtigste Forschungsstätte der USA. Weil es zur amerikanischen Telefongesellschaft AT&T gehörte, die ein Monopol besaß, standen große finanzielle Mittel zur Verfügung, die für Grundlagenforschung investiert werden konnten.

Shockley musste sich zunächst mit Röhren befassen, äußerte aber bald den Wunsch, sich wieder dem Thema zu widmen, mit der sich bereits in seiner Doktorarbeit befasst hatte: Mit dem Verhalten von Elektronen in Kristallen. Dabei kam er mit Walter Brattain zusammen.

Brattain war bereits 1929 zu AT&T gekommen und hatte sich seit 1931 mit Halbleitern befasst. Er kehrte nach dem Kriegsdienst im Jahr 1945 in das Labor zurück. Ein weiteres Mitglied des Teams war John Bardeen. Dieses Trio befasste sich zunächst mit Kupferoxid, einem sogenannten Halbleiter. Das Material hatte diesen Namen bekommen, weil es einen elektrischen Strom besser leiten konnte als ein Isolator, aber nicht so gut wie Kupfer, Silber oder Gold.

Die Forscher in den Bell Labs waren nicht die Einzigen, die sich für das neu entdeckte Material interessierten. Es gab Konkurrenz vom MIT in Boston, General Electric sowie den Universitäten Penn und Perdue. Dort setzte man auf Silizium als Halbleiter. In der Kombination mit Sauerstoff ist es in der Form von Sand oder Quarz nach Sauerstoff das am häufigsten anzutreffende Material in der Erdkruste. Man fand bald heraus, dass es zwei Formen von Silizium gab. Sie unterschieden sich in der Richtung, in der die Elektronen fließen konnten: Negativ oder positiv.

Bald entdeckte man eine dritte Ausprägung von Silizium. Es war nicht homogen, sondern enthielt Teile, in denen die Elektronen in negative Richtung flossen; und andere Stellen, an denen der Fluss in positive Richtung ging. Eine andere überraschende Eigenschaft dieses Halbleiters war, dass er Licht in Strom umwandeln konnte.

Braittan und Bardeen setzten für ihre Versuche zunächst Silizium ein, wechselten dann aber zu Germanium. Mit diesem Stoff waren Materialverunreinigungen leichter zu eliminieren. Eines Tages im Dezember 1947 entdeckten sie, dass sie mit Germanium eine Verstärkung um den Faktor 10 erreichen konnten. Der Transistor war geboren. Das Wort entstand aus den Worten *Trans*fer und Re*sistance*.

Sieben Monate später verkündete die NEW YORK TIMES, dass in den Bell Labs ein elektronisches Teil entwickelt worden war, das das Potential habe, Röhren zu ersetzen. Man dachte in diesem Zusammenhang zunächst eher an das Radio. Im Pentagon zog man in Betracht, die Entdeckung für geheim zu erklären. Das Management des Labors überzeugte die Militärs allerdings davon, dass es im Interesse des Landes wäre, das Wissen breit zu streuen.

The Nobel Prize in Physics 1956

William Bradford
Shockley
Prize share: 1/3

John Bardeen
Prize share: 1/3

Walter Houser
Brattain
Prize share: 1/3

Drei Nobel-Preisträger

Im April 1952 begannen Seminare, in denen die Forscher von AT&T ihr Wissen freigiebig mit Ingenieuren anderer Unternehmen teilten. Drei Jahre später produzierten mehr als zwanzig Firmen in den USA Transistoren. Das Pentagon stellte für diese Verträge 25 Millionen Dollar bereit. Während Bell Labs bei US-Firmen auf Lizenzgebühren für den Transistor verzichtete, mussten ausländische Unternehmen $25 000 bezahlen.

1.2 Nach Westen

Ich wünschte, mein Karl hätte Kapital angehäuft, anstatt nur darüber zu schreiben.
Jenny Marx

Die Wege der drei Entdecker des Transistors trennten sich. Walter Brattain kehrte an seine Alma Mater in Washington zurück, um dort Physik zu lehren. John Bardeen tat das

Gleiche an der University of Illinois. William Shockley hingegen hatte den Entschluss gefasst, mit dem neuen Bauteil viel Geld zu verdienen. Der Ort, an dem er das tun wollte, war seine Heimatstadt: Palo Alto in Kalifornien.

Zusammen mit seinem früheren Professor von der Hochschule Caltech, Arnold O. Beckmann, gründete der Erfinder ein neues Unternehmen: Shockley Semiconductors Laboratories. Durch seine Reputation gelang es ihm schnell, fähige junge Leute von der Ostküste nach Palo Alto zu locken. Darunter war der Sohn eines Predigers aus Grinnell, Iowa, mit Namen Robert Noyce.

Noyce hatte nach dem Abschluss seines Studiums für Philco gearbeitet. Während dieser drei Jahre wurde William Shockley, Walter Brattain und John Bardeen der Nobelpreis verliehen. Als Shockley ihm einen Job anbot, griff er freudig zu.

Shockley war vermutlich ein Genie, und er zog als Nobelpreisträger eine ganze Reihe talentierter junger Ingenieure an. Auf der anderen Seite hatte er eine Persönlichkeit, die es schwer machte, kollegial mit ihm zusammenzuarbeiten. Bob Noyce drückte es Jahre später so aus: „Die Beziehung war nicht sehr gut. Das Hauptproblem war wohl, dass Shockley immer in den Bell Labs anrief, wenn er mir eine bestimmte Arbeit zugewiesen hatte. Er wollte überprüfen, ob sie an der Ostküste zum gleichen Ergebnis gekommen waren. Er hat uns nicht vertraut."

Um es kurz zu sagen: Als Manager und Leiter einer Gruppe junger Talente war der Entdecker des Transistors nicht überzeugend.

1.3 Die Rolle einer Universität

Einer der Gründe, warum das Silicon Valley bald florieren sollte, war die Nähe zur Stanford University. Diese

Hochschule wurde im Jahr 1891 gegründet. Sie liegt südlich von San Francisco in unmittelbarer Nähe der Orte, die das Silicon Valley bilden. Stanford geht zurück auf eine Stiftung von Senator Stanford und seiner Gattin. Ihr Sohn starb ein Jahr, bevor er in ein College eintreten konnte. Senator Stanford war ein Eisenbahnpionier, der die Vereinigung der beiden vom Osten und Westen kommenden Strecken in Utah vorantrieb. Das Stiftungskapital betrug $20 Millionen.

In den 1940er Jahren hatte Stanford nicht den Ruf, den es heute genießt. Noch waren die Universitäten im Osten viel besser. Um die Stars unter den Professoren anwerben zu können, fehlte der Leitung der Universität das nötige Geld. Auf der anderen Seite besaß die Universität viel Land. Allerdings hatten die Gründer verfügt, dass es nicht verkauft werden durfte.

In dieser Situation kamen Wallace Sterling und Fred Terman, der Präsident und Vizepräsident der Hochschule, auf die Idee, das Land nicht zu verkaufen, sondern zu verpachten. Sie nannten dieses Projekt den Stanford Research Park.

Silicon Valley

Der erste Pächter war Varian Associates, eine Ausgründung der Universität. Sie zahlten $4 000 für 0,4 Hektar im Jahr und eine Dauer der Pacht von 99 Jahren. Weil der Vertrag keine Preisanpassungsklausel für die Inflation enthält, sitzt das Unternehmen noch heute auf einem der begehrtesten Grundstücke im Silicon Valley. Die Zahl der in diesem Gelände angesiedelten Unternehmen stieg rasch.

- Jahr 1955: 7 Firmen
- Jahr 1960: 32 Firmen
- Jahr 1970: 70 Firmen

In den 1970er Jahren waren alle Flächen vergeben. Die dort ansässigen Unternehmen beschäftigten rund 25 000 Mitarbeiter. Die Einnahmen aus der Pacht trugen mit sechs Millionen Dollar im Jahr zum Etat der Universität bei. Das Schöne daran war, dass die Leitung der Universität bei der Verwendung dieser Mittel an keinerlei Restriktionen gebunden war.

1.4 Hewlett-Packard

Eine der ersten Erfolgsgeschichten im Silicon Valley und dem Industriepark der Universität Stanford [2] schrieb Hewlett-Packard. Im Jahr 1931 drückten zwei Studenten, David Packard und William R. Hewlett, zusammen die Ersatzbank bei der Football-Mannschaft der Hochschule. Bill Hewlett war der Sohn der Leiters der medizinischen Fakultät, während sein Freund aus Pueblo, Colorado, stammte. Er war Radioamateur.

Hewlett und Packard waren keine herausragenden Athleten, aber an Technik interessiert. Deswegen schrieben sie sich in der Vorlesung von Professor Terman ein, in der es um Elektrotechnik ging. Terman erfuhr nach der Graduierung der beiden Studenten, dass sie eine Firma gründen wollten und ermunterte sie. Er war davon beeindruckt, dass Bill Hewlett im Labor aus wenigen Teilen brauchbare Geräte herstellen konnte. Diese handwerklichen Fähigkeiten sollten sich später als nützlich erweisen, denn zunächst hatte die neu gegründete Firma zwar zwei Chefs, aber keine Angestellten.

Nach einer kurzen Tätigkeit bei General Electric an der Ostküste kehrte Packard nach Kalifornien zurück. Er und sein Freund mieteten sich ein Apartment in der Madison Avenue in Palo Alto. In der Garage hinter dem Haus befand sich ihre erste Werkstatt. Sie arbeiteten an eigenen Geräten, nahmen aber auch Aufträge an, die Professor Terman ihnen besorgte.

Garage von HP

Im ersten Jahr der Existenz von Hewlett-Packard war das Geschäft eher mittelmäßig. Der Durchbruch kam, als das Disney-Studio gleich acht Stück der neuen Geräte bestellte. Sie wurden für die Dreharbeiten des Films *Fantasia* benötigt.

Im Jahr 1940 zog die Firma in größere Räume um, und zwei Jahre später hatte sie hundert Angestellte und Arbeiter sowie einen Umsatz von einer Million Dollar. Zehn Jahre später war die Zahl der Mitarbeiter auf 200 gestiegen, und Hewlett-Packard bot 70 verschiedene Produkte an. Der Umsatz betrug zwei Millionen Dollar.

Hewlett-Packard war nicht nur in technischer Hinsicht eine Blaupause für Unternehmen, die sich später im Silicon Valley ansiedeln sollten. Auch der Stil ihres Managements wurde vielfach übernommen. Die Firmenleitung kümmerte sich um jeden Mitarbeiter, bot neben dem Gehalt auch andere Vergünstigungen an und ermöglichte es, Aktien des eigenen Unternehmens zu günstigen Bedingungen zu kaufen.

1.5 Der Chip

For a successful technology, reality must take precedence over public relations, for nature cannot be fooled.
Richard Phillips Feynman

Währenddessen war die technologische Entwicklung nicht stehen geblieben. Der Fertigung des Transistors war Anfang der 1950er Jahre eine Technologie, die von einer Reihe von Unternehmen in den USA beherrscht wurde. Doch stellen wir die Entwicklung in den größeren Zusammenhang der Zeitgeschichte. Es herrschte der Kalte Krieg. Die ersten Radaranlagen der USA zum Erkennen von Atomraketen der Sowjetunion in den nördlich gelegenen Bundesstaaten waren mit einem Computer verbunden, der so hoch war wie ein Wohnhaus und mit Tausenden von Röhren bestückt. Einige Wehrpflichtige mit einem Körbchen waren ständig in dieser gigantischen Maschine unterwegs, um ausgefallene Röhren auszutauschen. Der Computer sagte ihnen sogar, welches Teil sie auswechseln mussten.

Seltsamerweise lag die Zuverlässigkeit dieses Computers, trotz der anfälligen Röhren, bei weit über neunzig Prozent. Auf der anderen Seite muss man natürlich berücksichtigen, dass sich das Militär einen derartigen Aufwand leisten kann. Ein kommerzielles Unternehmen würde einen derartigen Computer nicht anschaffen.

Unter diesen Bedingungen ist es nicht verwunderlich, dass das Pentagon an Elektronik interessiert war. Die Idee, ein Dutzend oder gar Hunderte von Transistoren auf einem einzigen Plättchen Silizium zu platzieren, wurde damals von einer Reihe von Unternehmen erwogen. Texas Instruments war ursprünglich ein Unternehmen, das als Dienstleister für die Ölkonzerne im Lone Star State tätig war. Anstatt des zunächst eingesetzten Germaniums verwendete man für die Transistoren Silizium.

Jack Kilby mit Taschenrechner

Im Frühjahr 1958 wurde ein junger Ingenieur aus Kansas, Jack Kilby, eingestellt. Ein paar Monate später standen die Werksferien an. Weil Kilby noch keinen Urlaub hatte, musste er arbeiten. Er fragte sich, ob es nicht möglich wäre, neben den Transistoren auch andere Bauelemente, also Widerstände oder Dioden, auf einem Stück Silizium zu platzieren. Der junge Ingenieur fing zu experimentieren an, und am Schluss hatte er den ersten *Integrated Circuit* geschaffen. Die fünf Komponenten hatte er durch Drähte aus Gold verbunden. Der Zweck dieses Geräts bestand darin, Wechselstrom in Gleichstrom umzuwandeln, und umgekehrt.

Obwohl dieses Gerät funktionierte, wäre es in dieser Art nicht wirtschaftlich zu produzieren gewesen. Trotzdem meldete das Management von TI flugs ein Patent an. Das Problem mit der Fertigung löste Bob Noyce bei Intel ein paar Monate später. Er fand einen gangbaren Weg, um die verschiedenen Komponenten auf einem Chip miteinander zu verbinden.

Jack Kilby und Bob Noyce gelten heute zusammen als die Erfinder der *Integrated Circuits*, also des Chips.

2 Die neue Währung: Venture Capital

The future doesn't belong to the fainthearted; it belongs to the brave.
Ronald Reagan

Während in der ersten Phase der Entwicklung im Silicon Valley der Transistor, die integrierten Schaltkreise und der Mikroprozessor die Hauptrolle spielten und Unternehmen wie Hewlett-Packard zu Weltruhm gelangten, spielt in der zweiten Phase ein weiteres Element hinzu: Die Software.

Die zweite Hälfte des 20. Jahrhunderts ist geprägt durch den Vorstoß des Computers, in vielerlei Form, in die Betriebe, Fabriken und das heimische Arbeitszimmer. Es sind allerdings die Programme, also die Software, die diesen beispiellosen Siegeszug erst möglich gemacht hat.

Eine Idee für ein neues Produkt zu haben, ist eine Seite der Medaille. Sie umzusetzen, ist eine andere Seite. Sie wird Talente und Durchsetzungsvermögen erfordern, nicht zuletzt aber Kapital. Was wir in der Rückschau beobachten können, ist die Tatsache, dass die Unternehmen an der US-Ostküste meistens das Kapital hatten, um Gründer in Kalifornien zu unterstützen. Was ihre Manager meistens nicht verstanden, war die neue Technologie. Noch die Persönlichkeiten und Motive der Erfinder.

Das führte dazu, dass Chancen verpasst wurden, aus der neuen Technologie Kapital zu schlagen. In diese Bresche sprang ein neuer Typ von Finanzier: Der Venture Capitalist (VC).

2.1 Fairchild, und die Kinder

Wir haben uns bereits mit kurz mit William Shockley befasst. Er mochte ein Genie sein, doch als Mensch war er ein wenig umgänglicher Geselle. Erst recht war nicht geeignet als Manager eines Unternehmens, in dem es in erster Linie auf das Talent der Mitarbeiter ankam.

Diese jungen Leute fühlten sich zunächst geschmeichelt, weil der Erfinder des Transistors gerade sie unter einer großen Zahl an Bewerbern ausgesucht hatte. Doch als die Arbeitsbedingungen bei Shockley Semiconductors unerträglich wurden, rebellierten sie.

Sie wurden bald ‚Die acht Verräter' genannt. Gordon Moore, der später die Entwicklung von Fairchild leiten sollte, war zunächst ihr Sprecher. Wir schreiben das Jahr 1957.

Die Rebellen [13] wandten sich zunächst an Arnold Beckman, den Mitinhaber von Shockley Semiconductors. Doch das führte zu nichts. Sie hätten nun kündigen und bei anderen Unternehmen in Kalifornien arbeiten können. Doch es war ihnen auch klar, dass sie als Team mehr erreichen konnten, wenn sie zusammen blieben.

Eines Abends, als sie zusammen saßen, hatte Eugene Kleiner eine Idee. Er wusste durch seinen Vater von einer Investment-Firma in New York. Die Gruppe entschloss sich, einen Brief nach New York zu schicken. Sie wollten bei Shockley abspringen, jedoch als Gruppe weiter zusammen arbeiten.

Keiner der Rebellen dachte im Traum daran, Unternehmer zu werden. Die Finanzkrise der 1920er Jahre war nicht vergessen. Die jungen Ingenieure hatten eher die Vorstellung, dass ein großer Konzern von der Ostküste mit tiefen Taschen eine Tochterfirma in Kalifornien gründen könne.

Acht Verräter

Der Börsenmakler bei der Firma Hayden Stone, an den Kleiners Vater den Brief abgab, stand kurz vor der Pensionierung. Er gab den Brief einen jungen Angestellten namens Arthur Rock. Er kam aus bescheidenen Verhältnissen, hatte im Lebensmittelladen seines Vaters in Rochester, New York, ausgeholfen und den Dienst beim Militär gehasst. Er hielt die Offiziere für nicht besonders intelligent.

Es war reiner Zufall, dass der Brief gerade bei Arthur Rock landete. Doch er war die richtige Person, weil er zwei Jahre zuvor für General Transistors gearbeitet hatte. Diese Firma verwendete Transistoren aus dem Material Germanium und fertigte damit Hörgeräte. Rock war sich also bewusst, dass er es mit einer Technologie zu tun hatte, die an Bedeutung gewinnen würde.

Am 20. Juni 1957 rief Rock Kleiner an der Westküste an, drückte sein Interesse aus und kündigte seinen Besuch an. In der Woche darauf flog er mit Alfred Coyle, einem der Partner, nach Kalifornien. Er kam mit einem radikalen Vorschlag, als die Gruppe zusammensaß: „Ihr solltet selbst eine Firma gründen."

Die jungen Ingenieure waren überrascht. Daran hatte keiner von ihnen gedacht. Noch Jahre später, als Gordon Moore längst berühmt geworden war, beschrieb er sich selbst als einen ‚zufälligen Unternehmer.' Die Diskussion wandte sich praktischen Fragen zu. Die Gruppe war zu dem Schluss gekommen, dass sie ein Kapital von $750 000 zur Gründung des Unternehmens benötigen würden. Rock und Coyle gingen von einer Million Dollar aus. Doch sie strahlten mehr Zuversicht aus, als gerechtfertigt war. Es würde nicht leicht sein, diese Summe aufzutreiben.

Nun wurde die Frage angesprochen, wer das Start-up führen sollte. Robert Noyce war ein geborener Führer, doch der Sohn eines Geistlichen aus dem Mittleren Westen zögerte, Shockley Semiconductors den Rücken zu kehren. Das Team versprach, mit ihrem Kollegen zu reden.

Die Firma an der Ostküste hatte nicht das Kapital, um ein neues Unternehmen zu finanzieren. Stattdessen war es üblich, eine Gruppe von Investoren zu überreden, Geld aufzubringen. Rock hatte am Anfang rund fünfunddreißig Namen auf seiner Liste stehen.

Keiner dieser Investoren zeigte Interesse. Bud Coyle brachte daraufhin Sherman Fairchild ins Gespräch, einen reichen Playboy und Erben eines beträchtlichen Vermögens. Für Fairchild war eine Million Dollar nicht viel Geld, und er war ein Fan neue Technologie. Im August 1957 flogen Bob Noyce und Eugene Kleiner nach New York. Sie erklärten Fairchild, dass sie aus Silicon und ein paar Drähten, also im Grunde Sand und etwas Metall, neue Geräte bauen konnten. Materialien, die fast nichts kosten würden. Sie würden hohe Gewinne einfahren, und Fairchild würde der Visionär sein, der das alles möglich gemacht hatte. Der Millionär stimmte zu.

Nun war es an Arthur Rock, einen Vertrag zu formulieren. Er bat die acht Rebellen, dass jeder von ihnen $500 in das Unternehmen einzahlen solle. Die Gründer brachten das Geld zusammen, doch nicht ohne Mühe. Es handelte sich um das Zweifache oder Dreifache eines Monatsgehalts. Die Investmentfirma würde 225 Anteile zum gleichen Preis wie die Gründer erwerben, und 300 Anteile wurden für zukünftige Manager reserviert. Noyce würde der Vorstandsvorsitzende sein. Jeder Gründer hielt somit etwas weniger als zehn Prozent des Kapitals. Falls neue Mitglieder dazu kamen, konnte dieser Anteil auf 7,5 Prozent fallen.

Fairchild Camera and Instrument brachte $1,4 Millionen ein, eine gewaltige Summe im Vergleich zum Kapital der Gründer von $5 125. Das war jedoch kein Eigenkapital, sondern ein Darlehen. Und der Deal hatte einen Haken: Der Darlehensgeber hatte die Option, das Unternehmen für einen Preis von drei Millionen Dollar zu kaufen.

Die Absicht von Arthur Rock war es gewesen, acht talentierte Ingenieure von einem unfähigen Management zu befreien. Das gelang besser, als er zu hoffen gewagt hatte. In den ersten Monaten arbeiteten die jungen Leute in einer Garage. Dann zogen sie um in einen halb fertigen Bau, der jedoch keinen Anschluss an das Stromnetz hatte. Vic Grinich, ein begabter Bastler, zapfte mitten im Winter eine in der Nähe befindliche Hochspannungsleitung an. Neue Angestellte, die gerade von der Hochschule kamen, durften teures Material und Werkzeuge bestellen.

Sechs Monate nach der Gründung flog Arthur Rock nach Kalifornien. Er traf sich mit Noyce. Wenig später verkaufte Fairchild Semiconductors die erste Ware: Einhundert Transistoren zum Stückpreis von $150. Der Kunde war IBM.

Im Jahr 1959 verkaufte Fairchild Waren im Wert von $6,5 Millionen. Nun übte Fairchild Camera and Instrument seine

Option aus. Das Unternehmen zahlte drei Millionen Dollar für das Unternehmen in Kalifornien.

Für Bob Noyce und seine Mitstreiter was es ein bittersüßer Moment: Jeder von ihnen erhielt $300 000, das Sechshundertfache ihrer Einlage. Der Darlehensgeber profitierte weit mehr. Für Arthur Rock schien es an der Zeit, die Seite zu wechseln. Er hatte immer die Absicht gehabt, die Gründer zu schützen. Das war ihm gelungen, jedoch nicht vollständig.

Arthur Rock und sein Partner Tommy Davis waren entschlossen, die Art und Weise zu ändern, mit dem Start-ups finanziert wurden. Sie gründeten ein Unternehmen in der Form einer *Limited Partnership*. Sie selbst zahlten jeweils $100 000 ein und würden die Geschäftsführer werden. Die anderen Investoren zahlten zwar Geld ein, waren aber passive Partner. Anfang der 1960er Jahre hatten sie so eine Kriegskasse von $3,2 Millionen zusammengetragen. In der Regel sah die neue Aufteilung des Kapitals nun so aus:

- Die Gründer konnten 45 Prozent des Kapitals erwarten.
- Für Angestellte des Unternehmens wurden zehn Prozent der Anteile reserviert.
- Der Rest war Venture Capital, das zunächst von Rock und Davis gehalten wurde.

In jenen Jahren galt es als wenig sinnvoll, sich mit IBM anlegen zu wollen. Big Blue war einfach zu mächtig. Ein Berater erzählte Davis von einem vielversprechenden Mathematiker. Davis war begeistert, doch er fragte, was dieser Mann machen wolle. „Computer", war die Antwort.

Das wäre beinahe des Ende dieses Deals gewesen. Doch Davis entschloss sich, mit dem Gründer zu reden. Max Palevsky überzeugte ihn. Rock war an der Ostküste noch am Packen. Sein Partner redete von einem Mann, der es wagen würde, das Monopol von IBM zu brechen.

Davis & Rock steckten $275 000 in das das neue Unternehmen, Scientific Data Systems (SDS). Die Firma wurde ein Erfolg, und als die beiden Investoren im Jahr 1968 ausstiegen, waren ihre Aktien $60 Millionen wert.

Doch kehren wir zu Bob Noyce und seinen Mitstreitern zurück. Im Frühjahr 1967 wechselten eine Reihe dieser Ingenieure zu National Semiconductor, dem größten Konkurrenten von Fairchild. Das Management an der Ostküste reagierte und bot den Angestellten großzügige Beteiligungen an. Doch es war *too little, too late.*

Bob Noyce dachte daran, eine neue Firma zu gründen, und fragte Arthur Rock um Rat. Sie sollte Intel heißen. Er entwarf ein Modell, wie er es bereits bei Fairchild getan hatte:

- Noyce und Gordon Moore würden 245 000 Anteile für jeweils $245 000 bekommen.
- Rock würde 10 000 Anteile erhalten.
- Die Investoren seiner Firma würden $2,5 Millionen einbringen, aber sie würden für einen Anteil fünf Dollar zahlen müssen.
- Alle Angestellten des Unternehmens würden Anteile erhalten.

Intel wurde ein Erfolg und dominierte jahrelang den Markt für Mikroprozessoren und Speicherchips. Arthur Rock hatte ein neues Modell der Finanzierung von gerade gegründeten Unternehmen etabliert. In seinen Grundzügen wird es noch heute im Silicon Valley praktiziert.

Die Gründer eines Unternehmens haben eine Idee für ein Produkt, aber meistens wenig, oder gar kein, Eigenkapital. Nun kommt der Venture Capitalist ins Spiel. Wenn er überzeugt werden kann, dass die Idee tragfähig ist, wird er Kapital in das zu gründende Unternehmen einbringen.

Die Beteiligung dieses Partners kann in weiten Grenzen schwanken. Wenn die Gründer Techniker sind, aber von Marketing und Vertrieb keine Ahnung haben, wird er sich nach Fachleuten auf diesem Gebiet umsehen.

Handelt es sich bei den Gründern um exzentrische Persönlichkeiten, die aber ausgezeichnete Fachleute sind, wird es die Aufgabe des VC sein, die Firma zusammen zu halten, bis die Gründer entbehrlich geworden sind.

Abkassieren wird der VC, wenn das Unternehmen an die Börse geht. Das wird in den meisten Fällen die NASDAQ in New York sein. Macht die Firma Gewinn, Steigt der Kurs der Aktien, verkauft der VC seine Anteile. Er wird sich bald nach neuen Gründern umsehen, die frisches Kapital benötigen.

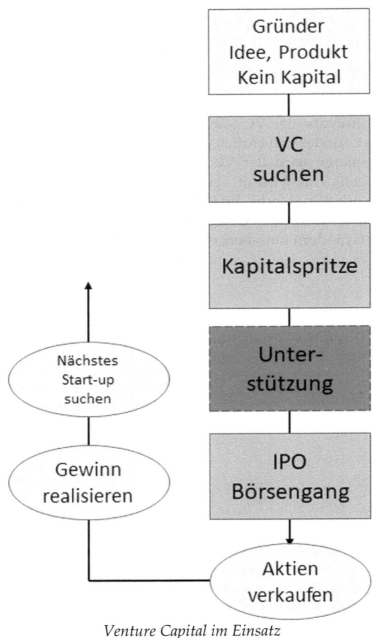

Venture Capital im Einsatz

Im Silicon Valley sprich man gern von den *Fair Children*, wenn von Fairchild Semiconductors die Rede ist. In der Tat können Dutzende von Start-ups ihre Herkunft auf dieses eine Unternehmen zurückführen.

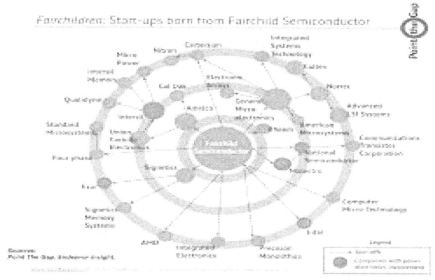

Fairchild, und die Kinder

Bei Intel wurde die Erfindung von Jack Kilby zu einer Technologie weiter entwickelt, um sowohl Speicherbausteine als auch Prozessoren zu fertigen. Während TI viele Aufträge des Pentagons erhielt, wandte sich Intel in erster Linie dem zivilen Markt zu. Was das Design von integrierten Schaltungen betrifft, so sind Prozessoren wegen der damit verbundenen Logik viel anspruchsvoller als Speicher.

Innovativ zu sein, neue Produkte zu entwerfen und zu bauen, ist eine Sache. Damit Geld zu verdienen, ist weit schwieriger. Schon deswegen, weil die Konkurrenz nicht schläft und ein gleiches – oder vergleichbares – Produkt auf den Markt werfen kann. Zum Glück gibt es im Bereich der Elektronik ein Phänomen, das man als *Learning Curve* bezeichnet.

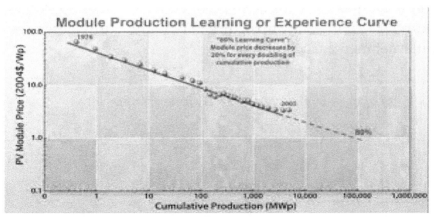

Learning Curve

Wer einen Prozessor, etwa Intels Prozessor 4004 oder 8080, baut, der wird zunächst in der Produktion mit einer hohen Rate an Chips rechnen müssen, die defekt sind und deswegen nicht verkauft werden können. Weil die Kosten für die Fertigung und die Entwicklung auf alle Chips umgelegt werden müssen, wird der Preis des Bauteils zunächst relativ hoch sein. Die Anzahl der defekten Bauteile mag zunächst bei bis zu 90 Prozent liegen, wird aber im Verlauf von ein bis zwei Jahren rasch fallen. Dadurch kann der Preis schnell nach unten angepasst werden.

Diese *Learning Curve* sollte sich zum Vorteil von Intel auswirken. Wenn ein Konkurrent einen ähnlichen Chip auf den Markt brachte, musste diese Firma das Teil zunächst zu einem hohen Preis anbieten, weil die Fertigung noch eine hohe Rate defekter Chips aufwies. Zu diesem Zeitpunkt war aber Intel bereits in einer Phase, in der der Preis stark gesenkt werden konnte. Damit war die Konkurrenz kaum in der Lage, über den Preis in den Wettbewerb mit Intel einzutreten.

Bemerkenswert ist allerdings, dass sich die *Learning Curve* immer auf einen bestimmten Chip bezieht. Wird ein neuer Chip entworfen und produziert, beginnt das Spiel von vorne.

Intel hat nicht nur bei der Fertigung elektronischer Bauteile den Weg gebahnt, sondern in der Person von Ted Hoff [2] auch den Mikroprozessor geschaffen. Im Jahr 1968 stellte man Ingenieure für den Bereich Forschung und Entwicklung ein. Hoff arbeitete zunächst in einem Gebäude in Mountain View. Intels Geschäft bestand zu diesem Zeitpunkt in erster Linie darin, Speicherbausteine zu produzieren. Man war allerdings an anderen Geschäften interessiert, falls es sich rechnen würde.

Ted Hoff

Die japanische Firma Busicom, die inzwischen nicht mehr existiert, war damals an elektronischen Komponenten interessiert, die sie für ihre Rechenmaschinen einsetzen wollte.

Am 20. Juni 1969 traf ein Team japanischer Ingenieure in Kalifornien ein. Hoff hatte allerdings keine Zeit für diese Kunden, weil er seinen lange geplanten Urlaub auf Hawaii antreten wollte. Als er zurückkam, waren die japanischen Ingenieure immer noch da. Sie präsentierten ihm Skizzen mit sechs Bauteilen, die in ihren Tischrechner kommen sollten.

Ted Hoff erklärte zunächst, dass ein derartiges Design für Intel zu komplex wäre. Allerdings fiel der Blick von Hoff später auf die PDP-8 von Digital Equipment, die er für seine Arbeit einsetzte. Er fragte sich, ob es nicht möglich wäre, so etwas wie einen Mikrocomputer zu schaffen. Einen Rechner auf einem Chip.

Hoff schuf das Design für einen Mikroprozessor, also eine Recheneinheit auf einem Chip. Heute verwenden wir dafür meistens den Begriff Prozessor, also die zentrale wichtigste Einheit eines Computers.

Die Ingenieure von Busicom waren von dem vorgelegten Design nicht besonders beeindruckt, aber Bob Noyce unterstützte Ted Hoff. Der Prozessor bekam den Namen 4004 und sollte den Anfang einer Reihe von universell einsetzbaren Prozessoren aus dem Hause Intel bilden. Im Jahr 1972 kam das Nachfolgemodell, der 8080, auf den Markt.

Man kann den Effekt der *Learning Curve* auch mit Moore's Law ausdrucken. Der Mitbegründer von Intel formulierte es im Jahr 1964 so: Die Zahl der Schaltkreise auf einem Chip würde sich jedes Jahr verdoppeln.

Weil mehr Schaltkreise auf der gleichen Fläche untergebracht werden konnten, sank der Preis. Am Anfang der Entwicklung boten Taschenrechner meistens nur die vier Grundrechenarten an und kosteten 250 Dollar. Ein paar Jahre später war der Preis auf unter zehn Dollar gesunken, und die Zahl der verfügbaren Funktionen gestiegen.

2.1.1 Die Bäume wachsen nicht in den Himmel

Arizona Warranty: If it breaks into two parts, you can keep the parts.

Aus Augustine's Laws

Die zwei ersten Fertigungsstätten von Intel, Fab 1 und Fab 2, wurden bald nach der Gründung im Santa Clara County gebaut. Die dritte Fabrik entstand in Livermore, außerhalb des Silicon Valleys, um den hohen Kosten für Grundstücke zu entgehen. Außerdem waren die Mitarbeiter in Livermore mit geringeren Löhnen zufrieden.

In der Fabrik in Livermore wurden jeden Tag 1 200 Wafer hergestellt. Das sind die flachen Scheiben, aus denen die Chips herausgeschnitten werden. Wenn man den Ausschuss abzieht, befanden sich in jedem Wafer rund 160 brauchbare Chips. Das summierte sich zu einer Produktion von 200 000 Chips am Tag. Wenn man für ein Bauteil einen Preis von $10 ansetzt, kommen wir damit auf einen Umsatz von zwei Millionen Dollar.

Weitere Fabriken wurden in den USA in Portland, Phoenix und Albuquerque gebaut. Fab 7 wurde in Israel angesiedelt, und die Montage der Chips erfolgte teilweise in Malaysia. Beim Standort von Produktionen ist ein wichtiger Gesichtspunkt sicherlich auch die Frage, ob der Ort durch Erdbeben gefährdet ist. Das Silicon Valley liegt mitten zwischen zwei Grabenbrüchen. Einer verläuft südwestlich, der zweite entlang des nordöstlichen Teils der Bucht von San Francisco.

Bei dem großen Erdbeben am 18. April 1906 wurde durch Feuer ein großer Teil von San Francisco zerstört. Mehr als dreitausend Menschen fanden den Tod. Gelegentlich bebt weiter die Erde, aber das sind keine großen Erschütterungen. Wann THE BIG ONE kommen wird, wie man es in Kalifornien ausdrückt, weiß niemand. Doch eines scheint gewiss zu sein: Eines Tages müssen wir mit einem großen Beben rechnen. Es könnte das gesamte Silicon Valley in Schutt und Asche versinken lassen. Diese Erwartung bildet auch den Stoff für einen Spielfilm mit James Bond.

Nach dem Zweiten Weltkrieg waren im Japanischen Kaiserreich die Devisen knapp. Deshalb fiel es den Unternehmen nicht leicht, die $25 000 aufzubringen, die AT&T für die Lizenz für den Transistor verlangte. Einige Firmen griffen trotzdem zu.

In den 1960er Jahren machten Unternehmen aus Japan Intel zunehmend Konkurrenz. Das hing mit der Ausbeute an brauchbaren Chips aus einem Wafer zusammen. Japanische Firmen lagen typischerweise bei einer Ausbeute von 80 bis 85 Prozent. Unternehmen in den USA hingegen erreichten, wenn es hoch kam, auf eine Ausbeute von 55 Prozent.

Woran es im Einzelnen lag, mag dahingestellt bleiben. Vielleicht hatten die Japaner ihren Prozess besser im Griff. Vielleicht ist das Streben nach einer hohen Qualität im japanischen Volk tiefer verankert als bei den Amerikanern. Vielleicht waren die Clean Rooms in Japan besser, wiesen weniger Verunreinigungen der Luft aus. Möglicherweise verzichteten die Frauen in Japan auf Schminke.

Tatsache bleibt, dass die Ausbeute bei den japanischen Firmen höher war. Das wirkte sich direkt auf den Preis für die Chips aus. Zuletzt blieb dem Management von Intel, immerhin dem Erfinder des Mikroprozessors und Miterfinder des Integrated Circuits, nichts anders übrig, als die Produktion von Speicherbausteinen völlig aufzugeben. Diese Bauteile, in erster Linie also Dynamic Random Access Memories (DRAMs) wurden fortan in erster Linie von Unternehmen hergestellt, die in Japan beheimatet waren.

Das muss nicht zwangsläufig bedeuten, dass diese Unternehmen nur in Japan oder in Südostasien Produktionsstätten betreiben. NEC kaufte in Mountain View, Kalifornien, eine kleine Firma [1] namens Electronic Arrays und richtete dort eine Fertigung von Chips ein. Allerdings dauerte es zwei Jahre, bevor diese Produktion in die Gewinnzone kam.

Das Silicon Valley ist also der Ort, wo alles begann. Wo Erfindungen zu Produkten wurden, die in viele Geräte wanderten. Wo Millionen verdient wurden und sich fähige Köpfe versammelten, die nicht selten zu Millionären wurden. Aber die Welt stand nicht still. Andere wollten an diesem Boom partizipieren, sich ihren Teil des Kuchens sichern.

2.2 Chaos, Hacker und Haschisch

Den meisten von uns wird Atari als ein Unternehmen bekannt sein, das einen Computer für den Einsatz zu Hause anbot. Es war damit noch vor IBM im Markt. Doch diese Geschichte beginnt viel früher.

Im Sommer des Jahres 1972 boten eine Reihe von Ingenieuren aus Kalifornien ein Video-Spiel namens Pong an. Es war nicht gerade das, was wir uns in den 2020er Jahren darunter vorstellen würden. Auf dem Bildschirm sprang ein Ball herum, und die Spieler versuchten, ihn mit Linien auf dem Feld zu stoppen. Gelang das, ertönte ein lautes, tiefes Geräusch.

Die Maschine wurde in Bars in Kalifornien installiert, der Zuspruch der Zecher war rege, und die Wirte zahlten jede Woche tausend Dollar an Atari.

Als sich die ersten Venture Capitalists für Atari zu interessieren begannen, hatte das Unternehmen seine Spielgeräte in den gesamten USA installiert. Doch es war kein Technologie-Treiber wie Intel. Was an Technik in den Geräten steckte, war recht bescheiden.

Nolan Bushnell, der Gründer und Inhaber von Atari, war ein unkonventioneller Unternehmer. Besprechungen wurden im Whirl Pool abgehalten, und die Firma stellte gut aussehende Sekretärinnen ein, um die Männer bei Laune zu halten. Wenn ein Mitarbeiter verreisen musste, wurden die Spesen im Voraus ausbezahlt. Selten floss Geld zurück. Bestellungen von Kunden gingen gelegentlich verloren. Das führte zu Beschwerden.

Obwohl Atari gute Geschäfte machte, war häufig wenig Geld auf dem Konto. Das führte dazu, dass sich der Parkplatz am Freitagmittag schnell leerte. Die Angestellten mussten zur Bank, um ihren Scheck einzulösen. Bevor kein Geld mehr auf dem Konto von Atari war.

In den 1970er Jahren hatte sich das Vorgehen der Venture Capitalists geändert. Nun brachten sie sich bei den Unternehmen ein, die sie finanzierten. Don Valentine und Tom Perkins standen an der Spitze dieser Bewegung.

Ausgestattet mit einer Kriegskasse von fünf Millionen Dollar, ließ sich Valentine eines Tages bei Atari sehen. Er fand eine Fertigung, in der es nach Marihuana roch. Die Schwaden waren so dicht, dass er kaum atmen konnte.

„Was ist?" erkundigte sich Bushnell.

„Ich weiß nicht, was diese Leute rauchen", erwiderte Valentine. „Aber es ist nicht meine Marke."

Andere Venture Capitalists hatten die Finger von Atari gelassen. Valentine sah das Potential des Unternehmens, aber er war vorsichtig. Wenn er Geld in Atari steckte, würde es in Raten kommen. Als Erstes wurde ein Business Plan geschrieben.

Atari hatte eine Version von Pong entwickelt, das nach einer der Sekretärinnen den Decknamen *Darlene* bekommen hatte. Dieses Spiel war, im Gegensatz zu der ersten Version, für den Heimgebrauch bestimmt.

Nun kam es darauf an, einen Vertriebskanal für Pong Home zu finden. Toys „R" Us zeigte kein Interesse, aber bei dem Kaufhauskonzern Sears hatte Valentine Erfolg. Nun wurden weitere $62 500 benötigt, um die Fertigung auszuweiten.

Ein Jahr später, im Sommer 1976, kamen die Ingenieure von Atari mit einer neuen Idee: Eine Konsole, mit der die Anwender nicht nur Pong spielen konnten, sondern auch andere Spiele. Jetzt war eine große Kapitalspritze angesagt. Valentine ging von 50 Millionen Dollar aus. Er wandte sich an Warner Communications.

Home Pong

Gegen Ende des Jahres wurden Valentine und Bushnell in Kalifornien von einem Business Jet abgeholt. An Bord befanden sich bereits Clint Eastwood und seine Freundin Sondra Locke. Das Flugzeug landete in New York am Teterboro Airport, und die Passagiere wurden mit Limousinen in das Waldorf Hotel gefahren. Am Abend wurde ein Film mit Clint Eastwood vorgeführt, der noch nicht in den Kinos war.

Zuletzt verkaufte Bushnell seine Firma für $28 Millionen. Valentine verdreifachte sein eingesetztes Kapital. Er hatte demonstriert, dass auch unter schwierigen Umständen mit einem Start-up aus dem Silicon Valley Geld zu verdienen war.

TIME MAGAZIN [24] krönte in seiner Ausgabe vom Januar 1983 den Computer zur Maschine des Jahres. Eine empörte Leserin schrieb daraufhin: „Warum habt ihr ihn nicht zur Frau des Jahres gemacht? Mein Ehemann verbringt mehr Zeit mit dem Computer als mit mir."

2.3 Apple

Steve Jobs und Steve Wozniak, die beiden Gründer von Apple, galten bei Venture Captalists [13] als Außenseiter, sogar Parias. Sie waren Hippies, und sie sahen auch so aus.

Steve Jobs hatte seinen Computer, im Grunde ein PC, einer Reihe von Firmen angeboten. Sein früherer Arbeitgeber, Hewlett-Packard, lehnte das Angebot ab. Bei Xerox hatte man Bedenken, weil ein PC den Kopierern möglicherweise Konkurrenz machen würde. National Semiconductor hingegen fürchtete, dass seine Kunden einen solche Deal nicht billigen würden, sie Aufträge verlieren konnten. Ein Computer von Hewlett-Packard kostete damals $150 000.

Tom Perkins und Eugene Kleiner weigerten sich, Steve Jobs überhaupt zu treffen. Jobs wandte sich an Stan Veit, den ersten Laden in New York, in dem Computer für jedermann angeboten wurden. Er bot zehn Prozent der Firma für eine Einlage von $10 000. Veit erklärte: „Dieser Hippie ist die letzte Person in der Welt, der ich zehntausend Dollar leihen würde."

Steve Jobs versuchte es bei Nolan Bushnell, der mit einem Computerspiel reich geworden war. Er verlangte $50 000 für ein Drittel von Apple. Bushnell lehnte ab, bereute dies später bitter.

Im Valley gab es in den 1970er Jahren bereits ein Netzwerk von Männern, die als Geld zu vergeben hatten. Ein Rückschlag musste nicht das Aus bedeuten. Die beiden Steves fanden am Ende Don Valentine von Sequoia.

Es war Bushnell, der diesen Kontakt herstellte. Er kannte Valentine von Atari. Valentine passte zu Apple, denn er hatte einen Background im Marketing. Dennoch war Valentine vorsichtig. Er bemerkte: „Diese zwei Männer müssen zum Frisör."

Immerhin entschloss er sich, Mike Markkula zu dem Start-up zu schicken. Das war ein Ingenieur und Verkäufer, den er bei Fairchild kennengelernt hatte. Markkula fiel etwas auf, was andere übersehen hatten: Das Design für den Apple II war elegant. Es gab nur eine einzige, große Leiterplatte, und sie war frei von den dünnen Drähtchen, die sich bei anderen Erfindern über die Leiterplatte zogen. Das war natürlich ein Zeichen dafür, dass der Designer etwas übersehen hatte. Es gab Speicherbausteine, einen Anschluss für einen Drucker, und andere Schnittstellen.

Zwei Hippies mit ihrer Erfindung

Markkulu entschloss sich, Apple zu unterstützen und investierte $91 000 seines eigenen Vermögens. Er schrieb auch einen Business Plan mit Jobs und Wozniak. Man könnte Markkula auch als den ersten *Business Angel* bezeichnen. Für seine Einlage erhielt er 26 Prozent der Firma.

Markkula hatte im Valley eine Reputation, und sie half Apple enorm. Er wandte sich an Arthur Rock, der inzwischen so etwas wie ein *Elder Statesman* war. Rock rümpfte die Nase, als er die beiden Hippies traf, doch Venrock aus New York bot $300 000 für zehn Prozent der Anteile. Andrew Grove von Intel unterstützte Apple, und bald benötigt das Unternehmen kein frisches Kapital mehr.

In dieser Situation tauchte Antony Montagu, ein Investor aus London, also ein Outsider, im Valley auf. Er wollte um jeden Preis bei Apple einsteigen, doch seine Chancen waren gering.

Nun kam diesem Briten ein Zufall zu Hilfe. Steve Wozniak hatte vor, ein Haus zu kaufen, und dafür benötigte er Geld. Montagu stieg mit $450 000 ein. Das war mehr Geld, als Venrock in Apple gesteckt hatte.

Das Unternehmen ging im Dezember 1980 in New York an die Börse, und gegen Ende dieses Monats betrug der Wert der Aktien $1,8 Milliarden. Die Firma war nun mehr wert als der Autobauer Ford.

- Die Einlage von Valentine hatte sich um den Faktor 13 vervielfacht.
- Bei Arthur Rock lag dieser Wert bei 378. Er saß nun im Vorstand von Apple, zusammen mit seinem Posten als Vorstandsvorsitzender bei Intel.

Es kam hinzu, dass die Bedingungen für Investoren in den USA für Investoren besser geworden waren. Die Steuer auf kurzfristige Gewinne war von 49 auf 28 gesenkt worden. Pensionsfonds, die früher keine mit Risiken behaftete Geschäfte machen durften, wurden sie nun in gewissen Umfang erlaubt. Das spülte neues Geld nach Kalifornien.

In den Jahren von 1973 bis 1977 kamen an Venture Capital im Durchschnitt im Jahr $42 Millionen zusammen. In den nächsten Jahren war es das Zwanzigfache.

2.4 Xerox PARC

PARC steht für Palo Alto Research Center. Es war die Forschungsstätte von Xerox, einem etablierten Unternehmen von der US-Ostküste. Xerox war mit Kopierern groß im Geschäft. Weil es viele Patente auf Komponenten dieser im Büro unentbehrlichen Geräte besaß, konnte es sich die Konkurrenz vom Leibe halten, beherrschte den Markt und strich hohe Gewinne ein.

Doch im Top Management von Xerox dachte man weiter. Der Computer hatte seinen Siegeszug in den Unternehmen angetreten. Konnte man davon profitieren? Wäre das nicht eine ausgezeichnete Ergänzung, wenn eines Tages die Patente der Firma auslaufen würden, die Konkurrenz Xerox Marktanteile abjagen konnte?

In den 1950er Jahren war die Situation auf dem Markt für Computer geprägt durch IBM, und mit weitem Abstand, ein paar Zwerge. Von Zwergen sprach man deswegen, weil der Marktanteil dieser Unternehmen, verglichen mit der mächtigen IBM, verschwindend gering war. Mit einem Akronym wurden diese Wettbewerber als BUNCH bezeichnet. Es steht für die folgenden fünf Konkurrenten von IBM:

1. Burroughs
2. Sperry Univac
3. National Cash Register
4. Control Data
5. Honeywell

Kurz nach dem Zweiten Weltkrieg wurde aus der ENIAC in der Form der Univac ein Computer, der sich für kommerzielle Zwecke einsetzen ließ. IBM hatte dieser Maschine in technischer Sicht zunächst nichts entgegen zu setzen. Allerdings hatte das Unternehmen durch seine Maschinen zum Sortieren von Lochkarten einen ausgezeichneten Ruf. Die Kunden, Banken und Versicherungen, waren gewillt zu warten, bis IBM einen Computer ausliefern konnte. Hinzu kam, dass IBM eine ausgezeichnete und aggressive Schar von Verkäufern aufbieten konnte.

Im Zeitraum von 1960 bis 1970 verloren die Konkurrenten von IBM $167 Millionen, während Big Blue einen Gewinn von $3,5 Milliarden einfuhr. Es gab kaum eine der fünf Firmen, denen das Management von Xerox nicht ein Angebot machte. Mit General Electric wäre es beinahe zu einem Abschluss gekommen. Die Bedingungen waren allerdings so günstig, dass man bei Xerox [3] zu der Ansicht kam, dass GE um jeden Preis diese Abteilung loswerden wolle. Das Geschäft scheiterte.

Digital Equipment in Boston mit seinen Minicomputern wäre ein lohnendes Ziel für eine Übernahme gewesen. Ken Olsen, der Gründer und größte Aktionär von DEC, lehnte das Angebot allerdings ab. Daraufhin wandte man sich bei Xerox dem Konkurrenten von DEC, nämlich der Scientific Data Systems (SDS), zu. SDS kostete fast eine Milliarde Dollar, eine Summe, die den Aktionären erst einmal verständlich gemacht werden musste. Hinzu kam, dass SDS gerade den Höhepunkt seines Umsatzes erreicht hatte. DEC machte der Firma mit der PDP-10 erhebliche Konkurrenz. Die Kunden von SDS gaben ihre Computer in großer Zahl zurück.

Im Zuge der Übernahme von SDS in Kalifornien entstand immerhin das Palo Alto Research Center. Es sollte dazu beitragen, die Zukunft von Xerox im Markt der Computer zu sichern.

2.4.1 Der erste PC?

First, they ignore you. Then they laugh at you. Then they fight you. Then you win.
Mohandas K. Ghandi

Wer die Entwicklung des Computers von seinen ersten Anfängen an verfolgt hat, wird im Laufe der Jahre zwei gegensätzliche Entwicklungen beobachtet haben. Auf der einen Seite standen die Wissenschaftler, Ingenieure und Anwender, die den Computer als eine zentrale Ressource sahen, die von wenigen Operatoren verwaltet wurde. Das sprach nicht notwendigerweise gegen eine große Zahl von Anwendern. In San Francisco dachte man in den 1960er

Jahren an einen zentralen Computer, ein *Utility*. Ähnlich wie bei einem Kraftwerk der Strom würden die Anwender über Leitungen angeschlossen werden. Die Terminals konnten einfach sein und mussten nicht viel kosten. Alle Programme und Daten würden im zentralen Computer gespeichert werden.

Die Verfechter der anderen These plädierten hingegen für einen Computer, über den der Anwender ganz allein verfügen konnte: Den Personal Computer. Mit der Einführung von IBMs PC und seinen Siegeszug rund um den Globus ist das Pendel in diese Richtung ausgeschlagen. Gegenwärtig schwingt es wieder in die andere Richtung. Die *Cloud* ist eine zentrale Ressource.

Die Entwicklung des Alto in Palo Alto begann, als sich drei Entwickler darauf verständigen konnten, dass ein Personal Computer eine gute Sache wäre. Und Time Sharing seine Grenzen habe. Ihre Namen? – Alan Kay, Butler W. Lampson und Chuck Thacker.

Die neue Maschine sollte nicht allzu groß werden und so billig, dass sie für viele Anwender erschwinglich wurde. Chuck Thacker begann am 22. November 1972 mit dem ersten Entwurf. Es sollten dreißig Altos gebaut werden, und zwar nur für die Ingenieure vom PARC. Zuletzt wurden allerdings zweitausend Geräte daraus. Der Bildschirm, der die Größe von einem Blatt Papier hatte, erwies sich als unwiderstehlich.

Der Alto war nicht gerade eine sehr schnelle Maschine. Der Prozessor lief mit weniger als 6 MHz, und hinzukam, dass der Bildschirm periodisch aufgefrischt werden musste. Die Attraktion lag woanders. Die Wissenschaftler hatten bisher vor allem in der Nacht gearbeitet, weil sie nur dann Zugang zu einem Computer bekamen. Der Alto hingegen stand ihnen rund um die Uhr zur Verfügung.

Der Alto war so begehrt, dass nicht genug davon gebaut werden konnten. Deswegen schlug man Ingenieuren, die nicht warten konnten, vor, dass sie in das Labor kommen und ihre Maschine selber zusammensetzen sollten.

Ein Vorteil des Altos war natürlich auch der Bildschirm. Bisher hatte man in Europa zur Eingabe der Daten Lochstreifen benutzt, etwa bei der Zuse Z25. IBM setzte Lochkarten ein.

Alto, der erste PC

Im Zuge der Nutzung des Alto entstand das erste Programm zur Textverarbeitung: Bravo. Es war nicht gerade das, was wir heute erwarten würden. Es gab zwei Modi: Im Text-Modus funktionierte das Programm im Grunde wie eine Schreibmaschine. Im Kommando-Modus hingegen führte das

Programm Operationen auf den gespeicherten Text aus. Wer das nicht verstanden hatte, produzierte schnell einen Buchstabensalat.

Ein Beispiel: Im Text-Modus brachte die Eingabe von d auf der Tastatur den Buchstaben d auf den Bildschirm des Alto. Befand sich das Programm hingegen im Kommando-Modus, stand d für *delete*. Es löschte einen Buchstaben im Text.

2.4.2 Das Netz

Als ich mein Amt angetreten habe, wussten höchstens Physiker vom World Wide Web. Jetzt hat sogar meine Katze eine Webseite.
Bill Clinton, 1996

Mit dem Erfolg des Altos entstand die Notwendigkeit, die darauf gespeicherten Dateien austauschen und teilen zu können, ohne auf Datenträger zurückgreifen zu müssen. Bob Metcalfe dachte zuerst an das ARPANET, das sich bereits in der Entwicklung [4] befand. Es war allerdings für eine Anwendung im Maßstab eines Labors zu groß. Hersteller von Computern hatten bereits eigene Netzwerke entwickelt und implementiert. Sie eigneten sich allerdings nicht generell, weil sie speziell auf die Hardware dieser Unternehmen zugeschnitten waren.

Zudem hatte der Leiter des Labors gefordert, dass die Kosten für das Netzwerk nicht mehr als fünf Prozent des Preises der damit verbundenen Geräte ausmachen sollten. Eines Abends fiel Metcalfe ein Artikel in die Hände, in dem von einem Netzwerk berichtet wurde, das auf Hawaii in Betrieb war. ALOHANET war ein Funk-Netzwerk, an dem alle fünf Inseln teilnehmen konnten, die zu Hawaii gehören. Ein außergewöhnliches Merkmal dieses Netzes war, dass eine Nachricht zunächst einmal gesendet wurde, ohne sie anzukündigen. War das Netz beschäftigt und konnte sie nicht beim Empfänger abliefern, war das kein Beinbruch. Falls vom

Empfänger der Eingang der Nachricht nicht bestätigt wurde, musste sie der Sender noch einmal verschicken. Für die Verzögerung wurde eine Zeitspanne gewählt, die von einem Zufallsgenerator erzeugt wurde.

Das Prinzip von ALOHANET ist simpel. So lange nicht sehr viele Sender ein Teil des Netzes sind, und damit eine gewisse Sättigung eintrat, sollte es funktionieren. Bob Metcalfe beschloss, sein Netz auf den bei ALOHANET beschriebenen Prinzipien aufzubauen.

Bei dem Netzwerk in Hawaii wird für die Übertragung die Luft, ein passives Medium, genutzt. Im PARC würde es ein Kabel sein. Hier kommt David Boggs ins Spiel. Er ging mit Metcalfe daran, das Netzwerk zu realisieren. Es sollte den Namen Ethernet bekommen.

Technisch gesehen besteht das Netz aus einem Koaxialkabel, an dem die Computer vom Typ Alto angeschlossen sind. Wenn ein Alto eine Nachricht senden will, schickt er einen Weckruf an das Netz. Dadurch erfahren alle angeschlossenen Computer, dass kurz darauf etwas passieren wird. Nun wird ein Datenpaket auf die Reise geschickt, das eine aus acht Bits bestehende Adresse enthält. Sie identifiziert den Computer, für den das Paket bestimmt ist.

Weiterhin gehört zu diesem Datenpaket die Adresse des Absenders, die Daten oder die Nachricht sowie eine Quersumme, um die Daten beim Empfänger verifizieren zu können. Die an das Netzwerk angeschlossenen Computer würden prüfen, ob die Nachricht für sie bestimmt war. Traf das zu, wurde das Datenpaket kopiert. Ansonsten verhielt man sich passiv.

Was eine Kollision mit einem zweiten Sender betraf, so verhielt sich das Ethernet ähnlich wie ALOHANET. Wenn ein Sender entdeckt wurde, der gleichzeitig aktiv war, wurde das Datenpaket nach einer kurzen Verzögerung erneut auf den Weg gebracht. Die Dauer dieser Zeitspanne wurde durch eine Zufallszahl bestimmt.

2.4.3 Der Drucker

It's just like having a licence to print your own money.
                                        Lord Thomson of Fleet

Wir haben im PARC jetzt fast alle Komponenten beisammen, wie wir sie auch in einem modernen Büro finden werden: Computer, die einer Person zugeordnet sind; ein Netzwerk, um Dateien und Dokumente austauschen zu können. Und ein rudimentäres Programm zur Textverarbeitung. Was noch fehlt, ist ein Drucker.

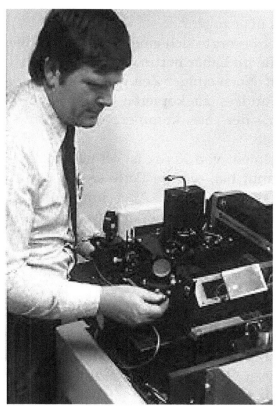

Starkweather mit Laserdrucker

Es war Garry Starkweather, der im Palo Alto Research Center [3] den Laserdrucker erfinden sollte. Gewöhnliches Licht besteht aus verschiedenen Wellenlängen und enthält eine Reihe von Farben. Der LASER hingegen ist gebündelt, sendet nur in einer Wellenlänge und ist damit scharf wie ein Skalpell. Man kann damit einen Fleck auf dem Mond beleuchten.

In den 1960er Jahren lag der Preis für einen Laser zwischen $2 500 und $25 000. Damit wäre er für ein Gerät im Büro aus Kostengründen nicht in Frage gekommen. Starkweather blieb keine andere Wahl, als selber Versuche anzustellen. Der Laser bestand aus Licht. Konnte er damit nicht eingesetzt werden, um Daten zu übertragen?

Der Forscher besorgte sich eine Trommel aus einem Kopierer von Xerox, die im Labor herumlag. Diese bombardierte er mit Laserstrahlen. Nach einiger Zeit gelang es ihm, ein Dokument zu scannen und es zu kopieren. Daraus wurde zuletzt ein Laserdrucker, der als kommerzielles Produkt vertrieben werden konnte.

Das Management von Xerox ist oft gescholten worden, weil es nicht erkannt hat, welche Perle es mit dem PARC besaß. Darin steckt viel Wahrheit. Aber immerhin gelang es, den Laserdrucker in Massen zu verkaufen. Damit generierte Xerox einen Umsatz von zwei Milliarden Dollar im Jahr.

2.4.4 Star

Trotz der Unschlüssigkeit im Hauptquartier von Xerox an der Ostküste gelang es am Ende doch, ein Produkt auf den Markt zu werfen. Am 27. April 1981 präsentierte Xerox auf der Messe in Chicago den Star, der jetzt Xerox 8010 Information System [3] hieß.

Das war ein Computer mit einem Bildschirm, dessen Diagonale 17 Zoll maß und ein grafisches Interface hatte. Es gab jede Stunde eine Vorführung. Die Leute standen sogar in den Gängen, um diese neue Wunderwerk zu bestaunen.

Doch die anfängliche Begeisterung der potentiellen Kunden wich bald der Ernüchterung. Die Maschine war ziemlich langsam. Eine weitere Hürde war der Preis. Ein Computer kostete 16 595 Dollar. Ein Unternehmen war vielleicht gewillt, eine solche Summe für einen Ingenieur auszugeben. Aber nicht für das Arbeitsgerät einer Sekretärin. Hinzu kam, dass die Verkäufer von Xerox in keiner Weise darauf vorbereitet waren, das neue Gerät ihren Kunden zu vermitteln.

Den Misserfolg des Stars im Markt läutete schließlich IBM ein. Die Firma präsentierte im August 1981 eine Maschine, die unter der Bezeichnung *Chess* entwickelt worden war. Nun nannte man sie schlicht Personal Computer. Auf dem Preisschild stand $5 000, alles inklusive. Damit war für den Star das Scheitern im Markt eingeläutet.

2.5 Apple und Microsoft

One person, one computer.
                                    Steve Jobs

Auf die kurze Distanz sollte IBM davon profitieren, dass es dem Management von Xerox nicht gelang, aus den Entwicklungen im PARC Profite zu generieren. Doch mittel- und langfristig waren es zwei andere Unternehmen, die weit mehr profitieren sollten als IBM: Apple und Microsoft.

Es waren zwei Personen, die die Zeichen der Zeit verstanden und die Strategie ihrer Unternehmen darauf ausrichteten. Beide waren auf ihre Art Visionäre: Steve Jobs und Bill Gates.

2.5.1 Eine Demo mit Folgen

Bis Mitte der 1970er Jahre waren in den USA Computer Maschinen, die von großen Unternehmen wie Banken oder Versicherungen betrieben wurden. Sie druckten Kontoauszüge und Versicherungspolicen, waren für den durchschnittlichen Bürger aber nicht unmittelbar von Interesse.

Das änderte sich, als Mikrocomputer wie der Altair 8800 auf den Markt kamen. Zuerst waren sie lediglich ein Spielzeug für Hobbyisten. Manchmal bestand der Output lediglich aus ein paar blinkenden Leuchtdioden. Mit dem Eintritt von Apple in den Markt sollte sich diese Szene verändern.

Gegründet wurde das Unternehmen in Steve Jobs Garage in Los Altos. Steve Wozniak war der Techniker, Steve Jobs kümmerte sich um den Rest. Sie kannten sich seit ihrer Schulzeit. Die Geschichte des Apple I ist in gewisser Weise typisch für das Silicon Valley. Jemand will ein Gerät, hat kein Geld, um es zu kaufen, und baut es schließlich selber.

Um den Apple zu bauen, klauten Steve Wozniak und Steve Jobs ein paar Bauteile bei Hewlett-Packard und Atari, ihren damaligen Arbeitgebern. Der leistungsfähigste Prozessor wäre Intels 8080 gewesen. Weil er aber als Einzelstück damals stolze 270 Dollar kostete, nahm Wozniak den 6502. Der kostete bei einer Messe lediglich zwanzig Dollar.

Als der Apple beim Home Brew Computer Club, einem Treffen von Enthusiasten, präsentiert wurde, war das Gerät sofort ein Erfolg. Viele Freunde der beiden Jungunternehmer wollten einen Apple I kaufen. Um die Teile beschaffen zu können, verscherbelte Jobs seinen VW-Käfer. Wozniak verkaufte seinen Taschenrechner. Es dauerte sechs Stunden, um einen Rechner zusammenzubauen.

Jobs trug den Computer zum Byte Shop, einem Einzelhändler. Dort war man bereit, fünfzig Stück zu kaufen. Allerdings nur unter der Bedingung, dass das Gerät vollständig montiert angeliefert würde. Nicht in Einzelteilen, wie das bisher üblich gewesen war.

Im Jahr 1977 folgte das zweite Modell. Der Apple II war ein Muster an Einfachheit. Steve Wozniak hatte ihn so konstruiert, dass er bemerkenswert leicht zu montieren und zu programmieren war. Er wog nur 5,5 Kilogramm und wurde durch zwölf Schrauben zusammengehalten.

Der Erfolg des Computers lag nicht nur in der Person der beiden Gründer des Unternehmens, sondern auch bei Tausenden von Programmierern im ganzen Land, die Software erstellten. Im Jahr 1983 waren mehr als 15 000 Programme für den Apple II verfügbar. Das Programm zur Textverarbeitung, genannt WordStar, wurde für 495 Dollar verkauft und ging mehr als dreihunderttausend Mal über den Ladentisch.

Um das Wachstum des Unternehmens zu finanzieren, ging Apple am 12. Dezember 1980 an die Börse. Eine Aktie konnte für 22 Dollar erworben werden; bei 4,6 Millionen Anteilscheinen ergibt sich daraus ein Börsenwert von 101 Millionen Dollar. Davon entfielen auf Steve Jobs 165 Millionen, auf Steve Wozniak 88 Millionen Dollar.

Der Apple II

Doch kommen wir zurück zum Palo Alto Research Center. Über kaum eine Demonstration gibt es im Silicon Valley derart viele widersprüchliche Geschichten wie den Besuch von Steve Jobs im Dezember 1979. Der Computer war mit Sicherheit ein Alto, und einige der führenden Köpfe vom PARC zeigten, was diese Maschine leisten konnte. Man darf annehmen, dass Steve Jobs und die Entwickler von Apple dort die Dinge sahen, die später in der Lisa auftauchen sollten.

Dieser Computer kostete Mitte der 1980er Jahre in der Bundesrepublik Deutschland rund vierzigtausend Mark. Er war damit im Vergleich zum PC zu teuer, hatte allerdings eine sehr viel bessere graphische Oberfläche. Mit dem Nachfolgemodell, dem Mac, sollte der Preis rapide sinken. Und im Gegensatz zum PC und Windows waren die Computer von Apple sehr viel zuverlässiger.

2.5.2 Microsoft am Horizont

Anfang des Jahres 1980 wurde Charles Simonyi nach Seattle geschickt, um dort den Aufbau eines Alto beim Flugzeugbauer Boeing zu überwachen. Weil er am Nachmittag noch Zeit hatte, schaute er bei Microsoft vorbei. Bill Gates war mit Besuchern aus Japan beschäftigt, aber Steve Balmer hatte Zeit für ihn.

Ein paar Wochen später lud Simonyi Bill Gates nach Palo Alto ein. Dort zeigte er ihm den Alto, samt der wichtigsten Applikationsprogramme: Textverarbeitung, Tabellenkalkulation, E-Mail, sogar Spracherkennung. Bill Gates war beeindruckt.

Am Heiligen Abend des gleichen Jahres schickte Bill Gates Simonyi die Einladung, in Zukunft für das aufstrebende Unternehmen in Washington State zu arbeiten. Der Programmierer nahm das Angebot an. Dort zeigte ihn Bill Gates den Prototyp einer Maschine, die IBM Monate später ankündigen sollte.

Ihr Codename während der Entwicklung: Chess.

Bill Gates in jungen Jahren

Als Jahre später Apple Microsoft wegen der Verletzung seiner Patente und der grafischen Oberfläche [5] verklagen sollte, bestand die Verteidigung von Bill Gates im Wesentlichen aus einem Satz: „Wir haben beide vom PARC abgeschrieben."

2.5.3 Ein Wirbelwind

Change is inevitable; growth is optional.
Walt Disney

Der PC veränderte die Computerbranche für immer. Ende der 1970er Jahre war das Management von Big Blue zu der Erkenntnis gekommen, dass man gegen die Flut billiger Computer etwas tun müsse. Man brach mit der Tradition. Bisher waren alle Komponenten für die Rechner von IBM im Haus entwickelt worden, von den Chips über das Betriebssystem bis zu den Anwendungsprogrammen. Für die neue Maschine wurden hingegen Komponenten von Zulieferern zugekauft, um die Zeit für die Entwicklung drastisch zu senken.

Um keinem Einfluss von der Mutter ausgesetzt zu sein, wurde die Entwicklungsmannschaft in Boca Raton, Florida, angesiedelt. Sie bestand zunächst aus zwölf Ingenieuren unter der Führung von Don Estridge. Ein Teil des Designs wurde von einem früheren Entwurf, dem DataMaster, übernommen. Dazu gehörten der Bus und der Controller für den Hauptspeicher.

Für den Prozessor setzte man Intels 8088 ein. Dieses Chip kann 1 MB adressieren und besitzt intern einen 16 Bit breiten Bus. Die Ingenieure von IBM verkürzten die Entwicklungszeit auf ein Jahr, indem sie Teile bereits bestehender Entwürfe übernahmen und an Komponenten zukauften, so viel sie konnten. Für Big Blue war das ein Rekord.

Das Betriebssystem der neuen Maschine wollte IBM zunächst von Digital Research kaufen. Dort zögerte man allerdings, sich mit IBM einzulassen. Zudem wollte man keinen Vertrag unterschreiben, der die Firma zur Geheimhaltung verpflichtet hätte.

IBM wandte sich daraufhin an Microsoft. Das war damals eine kleine Firma in Washington State, die nur Insider kannten. Man kaufte deren Betriebssystem, sicherte sich allerdings nicht exklusiv alle Rechte an dieser Software. Hätte das Management von IBM diese Forderung aufgestellt, wäre Bill Gates kaum etwas anderes übrig geblieben, als zuzustimmen und den Vertrag zu unterschreiben.

Aber es sollte nicht sein. Microsoft durfte das Betriebssystem für den PC unter der Bezeichnung MS DOS alternativ zu der Software von IBM anbieten. Der Rest ist Geschichte.

Dreißig Jahre später hat sich viel getan. Der Takt von 4,77 MHz beim 8088 ist auf 3 GHz oder höher gestiegen, eine Größenordnung von 100 000. Der externe Speicher des PC, die Floppy, konnte gerade Mal 160 KB fassen. Heute erreichen die externen Speicherplatten Terabytes.

2.6 Die Gründung einer Industrie

Die Zukunft gehört denen, die sie kommen hören.

David Bowie

Arthur Rock [13] mochte der Erste sein, der im Silicon Valley ein neues Geschäftsmodell kreierte. Doch bald fanden sich Nachahmer. Einer dieser Konkurrenten von Arthur Rock sollte Kleiner Perkins werden. Das Unternehmen von der Ostküste mietete ein Büro an der Sand Hill Road in Palo Alto. Sie hatten ein Kapital von $8,4 Millionen, das für Investitionen bereit stand.

Das Geschäftsmodell sah etwas anders aus. Kleiner Perkins würde keine Start-ups unterstützen, sondern die Erfinder in das Unternehmen integrieren. Ein Jahr, nachdem sich Jimmy Treybig der Firma angeschlossen hatte, kam er mit einer Idee. Bei einem Flugzeug sind die wichtigsten Komponenten mehrfach, meistens zweifach, vorhanden. Warum dieses Konzept nicht auf Computer anwenden?

Treybig hatte bei Hewlett-Packard im Verkauf mit Banken und Versicherungen zu tun gehabt und wusste, dass ein Computer, der nicht ausfallen konnte, bei solchen Unternehmen einen Markt finden würde.

Perkins gab $50 000 für Fachleute im Valley aus, die sich mit der Technik auskannten. Er bezahlte einen Experten bei Hewlett-Packard dafür, eine Architektur für einen solchen Computer entwerfen. Das Stichwort lautete: *Fail safe*.

Das Problem bestand darin, dass zwei – oder mehrere – Prozessoren zur gleichen Zeit versuchen konnten, auf den Bus der Maschine zuzugreifen. Im November 1974 hatten die Experten eine Lösung gefunden, und Treybig bekam grünes Licht. Er nannte die neue Firma Tandem Computers.

Das Unternehmen hatte Patente angemeldet, die Technologie war neu und innovativ. Dennoch fanden sich zunächst keine

Investoren. Perkins riskierte zuletzt sein eigenes Geld, steckte im Jahr 1975 eine Million Dollar in das Start-up und erhielt dafür 40 Prozent des Unternehmens. Der Computer funktionierte, und bei der zweiten Runde der Finanzierung wurden zwei Millionen Dollar eingefahren.

Im Zeitraum von 1977 bis 1980 stieg der Wert der Firma um den Faktor 14. Am Ende hatte KP die ursprüngliche Investition um den Faktor hundert vervielfacht. Alle anderen neun Projekte hatten zusammen lediglich zehn Millionen Dollar eingebracht.

Jimmy Treybig

Hier zeigt sich ein Muster, das auch bei einer Reihe anderer Investitionen im Silicon Valley zu beobachten war: Viele

Projekte warfen eher enttäuschende Gewinne ab, aber eine neue Technologie wurde zu einer Bonanza.

Beim Silicon Valley denkt man nicht gleich an den Bereich der Medizin, doch auch auf diesem Feld gibt es Chancen, Geld zu verdienen. Erst recht bei einer rasch alternden Bevölkerung in den Industrieländern.

Um Jimmy Treybig zu ersetzen, hatte Klein Perkins Bob Swanson eingestellt. Er hatte Chemie studiert und war bei der Citibank gewesen, wurde bei KP aber bald wieder gefeuert. Obwohl Swanson nun nicht mehr bezahlt wurde, durfte er ins Büro kommen und seinen Schreibtisch behalten. Eines Tages hörte er beim Lunch zufällig von einer neuen Technologie, die *Recombinant DNA* genannt wurde. Er las alles, was er darüber finden konnte.

Perkins war skeptisch, aber Swanson rief alle Experten auf diesem Gebiet an. Einer von ihnen war Herbert Boyer, ein Professor an der Universität in San Francisco. Sie trafen sich. Andere Fachleute hatten behauptet, dass eine kommerzielle Anwendung Jahrzehnte in der Zukunft liege. Boyer sprach von Jahren, und er hatte ein Motiv: Sein Sohn brauchte ein Hormon, das zum Wachstum dient.

Der Erfinder erklärt die Gene

Boyer und Swanson gründeten eine Firma, wobei jeder $500 einbrachte. Am 1. April 1976 präsentierten sie bei Klein Perkins ihren Business Plan. Das Unternehmen sollte Genentech heißen, und die Partner würden ein halbes Jahr brauchen, um mit den Universitäten Stanford und UCSF zu verhandeln. Diese hielten Patente für die Spaltung von Genen.

Perkins war begeistert. Insulin wurde in diesen Jahren in einem aufwändigen Prozess aus den Bauchspeicheldrüsen von Schweinen und Rindern gewonnen. Die Entwicklung dauerte länger als erwartet, und das ursprüngliche Kapital musste bald aufgestockt werden. Doch am Ende gelang es, mit der neuen Technologie künstliches Insulin herzustellen.

Als Genentech am 14. Oktober 1980 an die Börse ging, sprang der Kurs einer Aktie innerhalb weniger Minuten von 35 auf 80 Dollar.

3 Die zweite Welle

Cash is more important than your mother. That's Al's law.
Al Shugart

Mit dem Siegeszug des PCs rund um den Globus änderte sich der Markt. Nun waren Technologien gefragt, damit verschiedene Computer miteinander kommunizieren konnten, mochten es nun Mainframes, Minicomputer oder PCs sein.
Und die Software wurde wichtiger.

3.1 Cisco

God loves the poor, but not the lazy.
Louis Armstrong

Unter den Unternehmen im Silicon Valley in den 1980 Jahren war Cisco [13] eines der wichtigsten. Seine Gründer waren ein Ehepaar, Leonard Bosack und Sandy Lerner. Bosack machte gelegentlich den Eindruck eines Außerirdischen. Lerner war ein unglückliches Kind und hatte sich für FORBES nackt auf dem Rücken eines Pferds fotografieren lassen.
Lerner als Linke zu bezeichnen, wäre untertrieben. Sie schlug vor, dem Pentagon gerade genug Geld zu geben, damit sie Briefmarken kaufen konnten. Um ihren Lieferanten schriftlich mitzuteilen, dass sie demnächst den Betrieb einstellen würden.

Diese beiden jungen Leute trafen sich an der Universität in Stanford. Obwohl ihre Arbeitsstätten nur rund fünfhundert Meter voneinander entfernt lagen, hatten sie Computer, nicht miteinander kommunizieren konnten. Bosack und Lerner gingen daran, dieses Problem zu lösen. Nach den Gerüchten an der Universität hatten sie vor, sich Liebesbriefe zu schicken.

Sandy Lerner

Im ersten Schritt sorgten sie dafür, dass sich Computer und Netzwerke verstanden, die unterschiedliche Protokolle einsetzten. Dann entwickelte Bosack einen besseren Router, der mehrere Protokolle verarbeiten konnte. Und zuletzt löste das Paar das Problem, das durch zu viele gleichzeitig eintreffende Pakete am Router verursacht wird.

Als die technischen Voraussetzungen geschaffen waren, wurden Lichtwellenleiter durch Kabelschächte und Abwasserrohre verlegt. Das alles geschah, ohne das Wissen und die Billigung der Leitung der Universität. Das System funktionierte, und die Universität sollte die Erlaubnis erteilen, die neue Technologie zu vermarkten. In diesem Fall wurde die Zustimmung verweigert. Bosack und Lerner spendeten Uncle Sam fünf Dollar für die Anmeldung einer Firma. Sie hieß Cisco.

Das Paar verließ im Jahr 1986 die Universität, um sich voll dem Start-up widmen zu können. Sie waren an Venture Capital interessiert, konnten jedoch keine Investoren finden. Das lag zum einen daran, dass die Universität Stanford Rechte an der Technologie geltend machte. Bosack, Lerner und ihr Team hielten durch. Sie belasteten Kreditkarten bis zum Limit, zahlten Löhne verspätet aus.

Doch die Dinge wendeten sich zum Besseren. Lerner kannte einen Anwalt, der einen Partner namens Edward Leonard hatte. Dieser arbeitete mit Venture Capitalists. Er stellte das ungleiche Paar Don Valentine vor. Es stellte sich heraus, dass Hewlett-Packard ein Kunde von Cisco war. Also hatte Cisco ein Produkt, das etwas taugte.

Gegen Ende des Jahres 1978 investierte Sequoia $2,5 Millionen und bekam dafür ein Drittel von Cisco. Valentine ging nun daran, die Führung von Cisco umzubauen. Er stieß auf erbitterten Widerstand von Lerner, und am Ende musste die Gründerin das Unternehmen verlassen. Bosack kündigte.

In den 1990er Jahren dominierte Cisco den Markt der Netzwerke. Sequoias Investment steigerte sich um den Faktor vierzig.

3.2 Eine Firma namens 3COM

Das Ethernet wurde zwar bei PARC erfunden, doch das Management von Xerox an der Ostküste erkannte die Chancen nicht und unterließ es, daraus ein Produkt zu machen. Dabei nahm die Zahl der Computer bei Unternehmen, und beginnend in den 1980er Jahren, auch in privaten Haushalten, stetig zu.

Bob Metcalfe versuchte im September 1980, Geld für die Finanzierung der Entwicklung von 3COM [13] aufzutreiben. Der Mayfield Fund, der von Rocks früheren Partner Tom Davis gegründet worden war, bewertete das Unternehmen mit zwei Millionen Dollar. Das lief auf $7 für eine Aktie hinaus. Kramlich, von New Enterprise Associates, bot $13 für eine Aktie. Der Gründer wollte mehr erreichen. Er lud Venture Capitalists zum Lunch und suchte ihren Rat. Er wollte $20 pro Aktie. Außerdem suchte er einen Vorstandsvorsitzenden für das Unternehmen, einen Außenseiter, einen Mann mit Erfahrung.

Fidelity in Boston war bereit, Geld zu investieren. Doch die Sache hatte einen Haken: Dieser Investment Fond wollte das Risiko nicht allein eingehen, sondern verlangte einen zweiten Partner. Metcalfe sah am Ende ein, dass seine Forderung unrealistisch war. Er ging auf $13 pro Aktie herunter.

Am 27. Februar 1981, das war ein Freitag, traf ein Scheck im Wert von $1,1 Millionen ein. Wäre kein Investor eingestiegen, hätte das Unternehmen an diesem Freitag seinen Angestellten keine Löhne zahlen können.

3.3 Die Rolle von UUNET

In unseren Tagen ist UUNET [13] niemanden mehr geläufig. Doch diese Firma sollte in den Anfangsjahren des Internets eine wichtige Rolle spielen. Das Internet, damals auch ARPANET genannt, war eine Entwicklung des Pentagons. Deswegen hatte nur das US-Verteidigungsministerium, die Streitkräfte und ein paar Rüstungsfirmen Zugriff auf dieses Netz. Rund 100 000 Computer waren im Jahr 1978 angeschlossen.

Kommerzielle Unternehmen durften nicht auf das Netz zugreifen, Werbung war verboten. Eine Gruppe von Wissenschaftler und Programmierern wollte das ändern. Sie sammelten eine Viertel Million Dollar ein, und UUNET sollte ihr Internet Service Provider (ISP) werden.

Der Gründer von UUNET war Rick Adams. Er arbeitete für die Regierung an einem Institut, das sich mit seismischen Studien befasste. Neben seinem Job versuchte er, parallel zum ARPANET ein Netz einzurichten. Er ließ sich bezahlen, versuchte aber lediglich, mit den Einnahmen seine Kosten zu decken.

Rick Adams

Die meisten Amerikaner nahmen an, dass das ARPANET im Besitz der Regierung bleiben würde. Im Juli 1990 sprach ein junger Senator aus Tennessee plötzlich vom ‚Information Superhighway.‘ Sein Name war Al Gore.

Der Politiker stellte sich vor, mittels Glasfasernetzen jeden Haushalt in den USA schnell mit Inhalten zu versorgen. Dafür sollte die Regierung $1,75 Milliarden bereit stellen. Nun änderte die National Science Foundation, die für das Internet zuständig war, ihre Politik. Es würde kommerziellen ISPs Zugang zum Netz gewähren.

Das Netz mit Glasfasern war zwar eine gute Idee, doch dafür fehlte in den 1990er Jahren die Infrastruktur. Nun war das Interesse von Mitch Kapor geweckt. Er traf sich mit Rick Adams in Washington. Adams zögerte, doch er brauchte dringend Geld. Kapor wandte sich an John Doerr von Kleiner Perkins. Er stieß auf taube Ohren und ging zu Accel, einem Telecom. In der Niederlassung in Princeton hatte ein Angestellter, Don Godding, damit begonnen, die Entwicklung des Internets zu beobachten. Sie besuchten einen Knotenpunkt der NSF in Mountain View. Dort standen eine ganze Reihe von Routern und Servern, alle nicht gerade billig.

MacLean, ein zweiter Angestellter von Accel, fragte, woher diese teure Ausrüstung komme.

„Wir bekommen diese Geräte umsonst", erwiderten die Techniker.

Doch das war nur die halbe Wahrheit. Unternehmen spendeten diese Geräte, und im Gegenzug bekamen sie Zugang zum Internet. Es war ein Tauschhandel, und er war nicht ganz legal.

Das Management von Accel machte zunächst kein Angebot für UUNET, doch im Februar 1993 wollte Metropolitan Fiber Systems einsteigen. Das Unternehmen bot eine halbe Million Dollar, wobei UUNET mit acht Millionen bewertet wurde.

Das Management von Accel zögerte, doch nun griff Arthur Patterson, einer der größten Aktionäre des Unternehmens, ein. Am Ende wurde UUNET an New Enterprise Associates (NEA), einem Neuankömmling im Silicon Valley, verkauft.

3.4 Der erste Browser: Mosaic

Durch die Änderung der Politik der NSF [13] wurde das Internet für jedermann zugänglich, der einen geeigneten Rechner hatte und einen ISP fand. Allerdings musste man dazu Adressen wissen, Texte über die Tastatur eintippen. Damit war das Internet ein gut geeignetes Werkzeug für Programmierer, Wissenschaftler und Manager, die etwas von Technik verstanden. Es war noch nicht ein Netz für die Massen.

Das sollte sich ändern, als der erste Web Browser auftauchte. Damit war die Devise: *Point and Click!*

Mosaic wurde von Marc Andreessen an der Universität von Illinois entwickelt. Der Programmierer war im Zentrum für Supercomputing stundenweise angestellt und verdiente $6,85 in der Stunde. Als die NEW YORK TIMES über den Browser berichtete, bot der Arbeitgeber eine feste Anstellung. Doch es war ein vergiftetes Angebot: Man wollte so tun, als ob der Browser im Auftrag entwickelt worden wäre, sich den Ruhm sichern.

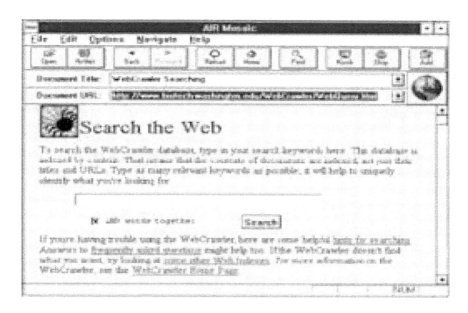

Mosaic in den Anfängen

Die Universität gab den Browser frei, jedermann konnte diese Software nutzen. Andreessen war auf der anderen Seite überzeugt, dass das Programm noch verbessert werden müsse. Ein Erfinder namens Jim Clark bot Andreessen einen Jahresgehalt von $65 000, sowie hunderttausend Aktien in der zu gründenden Firma. Für einen Studenten, der für $6,85 in der Stunde gearbeitet hatte, war das ein Vermögen.

Am 4. April 1994 wurde Mosaic Communications gegründet, um den Browser zu vermarkten. Kleiner Perkins stieg ein, und ein Jahr später ging das Unternehmen an die Börse. Es hieß nun Netscape, und Kleiners investiertes Kapital von fünf Millionen Dollar war plötzlich $293 Millionen wert. Die Zahl der Nutzer des Internets war dabei, sprunghaft zu steigen.

3.5 Der Flohmarkt im Internet

Flohmärkte und Auktionen üben eine gewisse Faszination auf Menschen aus. Das zeigt der Erfolg einer Sendung im deutschen Fernsehen. Ihr Name: *Bares für Rares.*

Ein Immigrant aus den Iran namens Pierre Omidyar hatte eine Tauschbörse im Internet geschaffen. Die angebotenen Waren wurden auf seiner Webseite versteigert. Er verlangte kein Geld für diese Dienstleistung, doch im Februar 1996 brach seine Webseite zusammen; sein Account war überlastet.

In seiner Not wandte sich der Erfinder an seine Kunden. Die Verkäufer sollten ihm einen kleinen Teil ihres Gewinns überlassen, damit er mehr Kapazität beschaffen konnte. Zuerst trafen wenige Schecks ein, bald wurde es eine Flut. Am Ende des Jahres nahm Omidyar jeden Monat $400 000 ein.

Das Wachstum betrug vierzig Prozent im Monat, und im Gegensatz zu Yahoo, das Geld für Werbung ausgab, waren diese Kosten bei der Tauschbörse null. Omidyar brauchte kein Geld, aber ein Management. Er wandte sich an Bruce Dunlevie von Benchmark.

„Ich habe diese Webseite, eBay", verriet Omidyar. „Sie kommt in Fahrt."

Benchmark steckte schließlich $6,7 Millionen in eBay, wobei der Wert des Unternehmens mit zwanzig Millionen angenommen wurde.

Webseite von eBay

Die wichtigste Aufgabe war es nun, einen Vorstandsvorsitzenden zu finden. Meg Whitman, ein Manager des Spielwarenhändlers Hasbro von der Ostküste, kam in Frage. Sie flog nach Kalifornien und ließ sich die Software zeigen.

Whitman erkannte schnell: Das Unternehmen musste keine Waren lagern, es fielen keine Kosten für den Versand an. Kein Ärger mit der Logistik, keine Kosten für den Versand der Ware. Dieses Modell war neu, es war einzigartig.

Es war nicht ganz einfach, Meg Whitman und ihre Familie zum Umzug nach Kalifornien zu bewegen. Ihr Ehemann war Chirurg, das Paar hatte zwei Söhne.

Meg Whitman

Im September 1998 ging eBay an die Börse. Der Ausgabepreis einer Aktie lag bei $18, war jedoch am Ende des Tages auf $47 gestiegen. Ende Oktober waren $73.

Als man bei Benchmark eine Bilanz aufstellte, war der Anteil an eBay stolze $21 Milliarden wert.

Das Silicon Valley war – und ist – von Männern geprägt. Meg Whitman war eine der wenigen Ausnahmen. Im September 2011 wurde sie die Vorstandsvorsitzende von Hewlett-Packard.

Im Jahr 2002 übernahm eBay PayPal, den Finanzdienstleister im Internet. Das brachte einen der ersten Geldgeber, Peter Thiel, $55 Millionen ein.

3.6 Der unmögliche Burger

Wir haben bereits bei Genentech gesehen, dass es bei einem neuen Produkt nicht zwingend um Elektronik oder Software gehen muss.

Unweit von Paolo Altos Sand Hill Road, wo die meisten VC-Firmen ihre Büros haben, verließ Patrick Brown sein Haus auf dem Gelände der Universität Stanford. Der Professor in seinen Vierzigern fing an, auf einem Hügel Wurzeln auszugraben.

Brown war einer der führenden Wissenschaftler auf dem Gebiet der Gene. Er hatte ein Verfahren entwickelt, um Tumore im menschlichen Gewebe identifizieren zu können. Er hatte Forschungsgelder erhalten, die nicht für ein bestimmtes Gebiet verwendet werden mussten, und derzeit befand er sich in einem achtzehn monatigen Sabbatical. Wir schrieben das Jahr 2010, und Brown hatte einen Anschlag auf die Fleisch-industrie vor.

Die Bauern in Niedersachsen haben ein Problem mit der Kommission der Europäischen Union in Brüssel. Nach Ansicht dieser Behörde bringen sie zu viel Gülle auf ihre Äcker. Dadurch wird das Grundwasser gefährdet.

Im globalen Maßstab wird ein Drittel der Landfläche benötigt, um Fleisch, also tierisches Eiweiß, für den menschlichen Konsum zu erzeugen. Das trägt zum Ausstoß von Treibhausgasen bei, verunreinigt das Trinkwasser und führt zum Aussterben von Arten.

War es im 21. Jahrhundert wirklich nötig, derartig viele Ressourcen zur Erzeugung von Fleisch einzusetzen? Gab es nicht einen anderen Weg?

Brown war sich bewusst, dass seine Landsleute keinen Hamburger akzeptieren würden, der schmeckte wie alter, nicht gewürzter Salat. Er grub an jenem Tag Wurzeln aus, die ein Molekül enthalten, das auch im Hämoglobin vorkommt. Also der Stoff, der das Blut rot färbt.

Der Wissenschaftler trennte die Wurzeln mit einer Rasierklinge ab und gewann daraus einen Saft. Bald hatte er die Substanz, die den Grundstock für einen Hamburger auf vegetarischer Grundlage bilden sollte.

Ein Freund hatte ihm von einen VC namens Vinod Khosla erzählt. Er fuhr mit dem Fahrrad zum Büro des Mannes, der das Kapital für das Projekt geben sollte.

„Das ist unmöglich", war die erste Reaktion von Khosla.

Aber er dachte auch, wenn es nur eine Chance von 1 zu 100 gebe, wäre es einen Versuch wert. Das Potential war beträchtlich.

Der VC führte nun ein paar Tests durch:

- Welche Hindernisse gab es, und hatte Brown eine Idee, wie sie zu überwinden waren?
- War Brown der geeignete Mann für dieses Projekt?
- War Brown bereit, seine akademische Karriere aufzugeben und sich voll in das Projekt einzubringen?
- Würden die Profite groß genug sein? Wenn Khosla Geld in ein Projekt steckte, dessen Chance auf Erfolg gering war, wollte er einen außerordentlichen Gewinn damit erzielen. Er dachte an einen Faktor von zehn.

Khosla investierte drei Million Dollar in Impossible Food, wie Brown die Firma nennen wollte.

Brown mit seinem Burger

Acht Jahre später hatte das Unternehmen einen Umsatz von $100 Millionen im Jahr, und bald würde das Produkt bei Burger King angeboten werden.

3.7 Die Ankunft der Business Angels

Venture Capitalists streichen enorme Gewinne ein, wenn sie ein Unternehmen an die Börse bringen. Sie gehen auf der anderen Seite hohe Risiken ein. Während bei Intel die Gründer große Aktienpakete behalten durften, mithin zu Millionären wurden, war das in späteren Jahren nicht zwangsläufig der Fall.

Der VC gab manchmal einen engen Zeitplan vor. Lieferten die Gründer nicht zum vereinbarten Zeitpunkt einen Prototypen, oder ein marktfähiges Produkt, wurde eine weitere Runde fällig, um Investoren zu finden. Durch die neuen Gelder schrumpfte der Anteil der Gründer am Unternehmen. Es konnte passieren, dass sie nicht mehr die Mehrheit der Aktien hielten, wenn die Firma endlich an die Börse ging.

Es tauchte nun eine Sorte von Investoren auf, die den Firmen wie Kleiner Perkins Konkurrenz machten. Masayoshi Son, der japanische Inhaber von Softbank, einem Vertrieb, bot $2,5 Millionen, um bei Yahoo einsteigen zu dürfen. Er stellte keine Bedingungen, was das Management dieses Start-ups betraf. Yahoo war eine Suchmaschine im Internet

Zwei Studenten in Palo Alto, Sergey Brin und Larry Page, gründeten im August 1998 Google. Es gab bereits eine ganze Reihe von Suchmaschinen, aber die beiden Studenten waren davon überzeugt, dass sie es besser machen konnten.

Andy Bechtolsheim, ein Ingenieur, kam in seinem silbern glänzenden Porsche angefahren, ließ sich überzeugen [13] und stellte sofort einen Scheck über $100 000 aus. Er stellte keine Bedingungen, wie das ein VC getan hätte.

Brin und Page fanden weitere Investoren und sammelten eine Million Dollar ein. Sie ließen sich letztlich darauf ein, in der Person von Eric Schmidt ein Mitglied des Vorstands von außen in das Unternehmen zu holen. Doch sie konnten ihn sich selber aussuchen.

Die Zeiten hatten sich geändert. Mit dem Auftauchen der Business Angels verloren Firmen wie Kleiner Perkins an Bedeutung. Es wurde auch nicht mehr in erster Linie in Hardware investiert, sondern in Software. Doch nun tauchten neue Risiken auf.

Die Gründer von Google

Yahoo mochte eine der ersten Suchmaschinen sein, doch wer hinderte begabte Programmierer daran, eine eigene, weit bessere Suchmaschine, zu kreieren?

3.8 Monopolisten

When one of our employees must deal with a customer, that's the 'moment of truth'.
Jan Carlzon

Trotz des entspannten Lebensstils im Silicon Valley: Der Kampf um den Kunden ist hart und wird mit allen Mitteln geführt, die einem modernen Unternehmen zur Verfügung stehen. Dazu gehört das aggressive Marketing der eigenen Produkte, aber auch die Verteidigung von Patenten im Gerichtssaal.

Allerdings haben Unternehmen im Bereich der Software einen Vorteil, wie ihn Firmen in anderen Branchen nicht kennen. VW oder Opel mag eine Milliarde Euro für die Entwicklung eines neuen Mittelklassewagens ausgeben. Diese Kosten müssen in den folgenden Jahren über den Kaufpreis des Modells wieder eingefahren werden. Hinzu kommen die Kosten für die Produktion selbst.

Bei Software hingen sind fast alle Kosten der Entwicklung des Programms zuzurechnen. Die Produktion besteht im Wesentlichen aus dem Kopieren des Programms auf einen Datenträger. Sie ist, verglichen mit den Kosten für die Fertigung eines Autos, verschwindend gering.

Weil die Kosten für den Vertrieb relativ gering sind, die Entwicklung hingegen teuer, muss es das Bestreben eines Unternehmens im Bereich der Software sein, einen möglichst hohen Marktanteil [6, 7] zu erobern. Kommt es auf über 75 Prozent, wird es zum Marktführer und braucht die Konkurrenz kaum mehr zu fürchten. Für Mikrosoft und Intel, deren Partnerschaft man mit dem Kürzel *Wintel* beschrieben hat, war das lange Jahre der Fall.

Auf der anderen Seite muss ein Unternehmen eine bestimmte Marktpenetranz erreichen, um ernst genommen zu werden. Um als Player zu gelten, braucht es wenigstens 26 Prozent. Wer sich nicht halten kann, scheidet aus. Das haben wir im Bereich der Software für den PC mehr als einmal erlebt.

Bei Microsoft hatte das mit Windows prächtig funktioniert. Das Unternehmen aus Seattle war zum Marktführer geworden, hatte kaum noch Konkurrenz. Ähnlich verlief es bei Word, später bei Office.

Doch es gibt keine Garantie dafür, dass diese Strategie immer funktioniert. Microsoft versuchte, auch den Markt für Browser zu dominieren, jedoch bislang ohne Erfolg.

Im Jahr 2018 sehen wir auf dem Markt für Browser die folgenden Spieler:

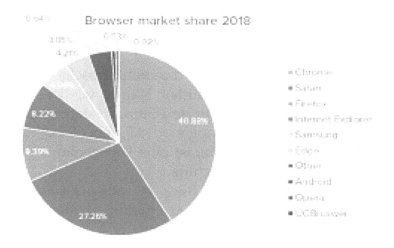

Aufteilung des Markts für Browser

Selbst ein mächtiges Unternehmen wie Microsoft, das den Anwendern bei jeder Neuinstallation von Windows den eigenen Browser aufdrängen will, hat damit nicht immer Erfolg. Andere Unternehmen können mithalten, manchmal sogar Microsoft den ersten Rang streitig machen.

4 Wo viel Licht ist, ist auch Schatten

You may fool all the people some of the time; you can even fool some of the people all the time, but you can't fool all of the people all the time.
    Abraham Lincoln

Wer als Bundesbürger an das kalifornische Silicon Valley denkt, dem kommen vermutlich Namen wie INTEL, Hewlett-Packard oder Microsoft in den Sinn. In den späteren Jahren tauchen Start-ups wie Google oder Facebook auf. Womit man eher nicht rechnen würde, ist eine Unternehmungsgründung im Bereich der Medizintechnik.

Doch auf den zweiten Blick ist diese Branche durchaus interessant. Wer das nicht glaubt, sollte nur schnell überschlagen, wie viel Geld durch Versicherungsbeiträge jeden Monat in diesem Sektor der Volkswirtschaft landet. Nicht alle diese finanziellen Mittel landen auf den Bankkonten von Ärzten oder Krankenhäusern. Ein Teil wird auch für Geräte gebraucht, die in Labors und Praxen zum Einsatz kommen.

Damit wären wir bei Theranos, einem Start-up im Silicon Valley. Dieses Kunstwort setzt sich aus *Therapy* und *Diagnosis* zusammen. Die Grundidee hinter dem Gerät ist einfach: Patienten nehmen sich einen Tropfen Blut ab, indem sie sich in einen Finger stechen. Dieses Blut kommt auf einen Träger in der Größe einer Scheckkarte, wird in den Reader geschoben und innerhalb des Geräts analysiert. Der Anspruch der Firma war es, damit innerhalb einer überschaubaren Zeitspanne ebenso gute Resultate zu liefern wie kommerziell betriebene

Labore. Doch war das technisch überhaupt möglich?

Die Gründerin von Theranos war Elizabeth Holmes. Sie hatte in Stanford studiert, war durchaus begabt, strebte aber keine akademische Karriere an. Stattdessen war es ihr größter Wunsch, als Unternehmer tätig zu werden.

Die Zulassung von Medikamenten ist ein langwieriger Prozess, der mit einer Reihe von Hürden ausgestattet ist. Sind die Ergebnisse mit Versuchstieren, etwa Ratten und Mäusen, erfolgreich abgeschlossen worden, folgen Studien mit Menschen. Niemand sollte glauben, dass dazu ein Dutzend Patienten ausreicht. Vielmehr müssen wir mehrere Hundert Menschen einsetzen, um zu verlässlichen Aussagen über die Wirkung eines neuen Medikaments zu kommen. Die Folge ist, dass solche Studien teuer sind. Auf der anderen Seite ist immer zu bedenken: Es geht um das Leben von Menschen.

In dieser Situation versprach Theranos das Potential zu einer merklichen Kostensenkung: Die Patienten konnten sich zu Hause einen Tropfen Blut entnehmen, ihn auf dem Träger in die Black Box schieben und die Analyse starten. Das Ergebnis würde über eine Telefonleitung bei ihrem Krankenhaus oder in der Praxis eines Arztes landen.

Unter diesen Umständen ist es nicht verwunderlich, dass sich zu Beginn unseres Jahrhunderts Pharmakonzerne für das neue Gerät interessierten. Elizabeth Holmes flog im Frühjahr 2006 in die Schweiz, um bei Novartis die Maschine vorzuführen. Diese Show schien ein großer Erfolg zu sein.

Henry Mosley [9] war acht Monate zuvor in das Unternehmen eingetreten. Er war der Finanzchef. Mosley hielt die Zahlen zu den Gewinnaussichten des Start-ups für übertrieben. Doch taten das nicht alle jungen Gründer im Silicon Valley?

Von der Technik des Geräts verstand Mosley nichts. Er hatte keine Ahnung, was im Inneren der Maschine für Analysen durchgeführt wurden. Doch er war misstrauisch und wandte sich an Shaunak. Dieser Kollege wollte zunächst nicht mit der Wahrheit herausrücken, gestand aber zuletzt, dass Theranos

1.0 nicht immer richtige und zuverlässige Resultate lieferte. Der Techniker konnte schlicht nicht vorhersehen, wann ein richtiges Ergebnis herauskommen würde. Deswegen hatte er die Daten aus früheren Versuchen aufgeschrieben und diese in die Schweiz übermittelt. Kurs gesagt: Elizabeth Holmes hatte einen potentiellen Kunden angelogen.

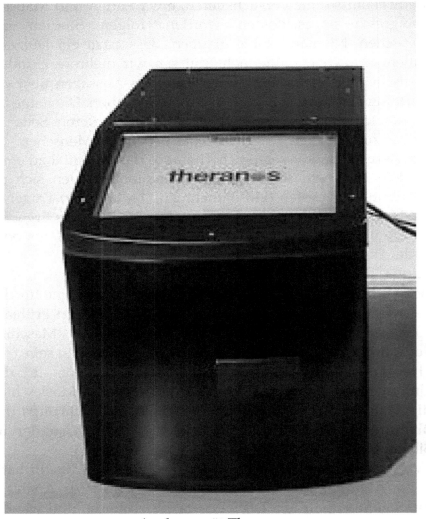

Analysegerät Theranos

Die Firma hatte zu diesem Zeitpunkt gerade $32 Millionen von Investoren eingesammelt. Sie war nun 1,65 Millionen Dollar wert. Mosley entschloss sich, den Schwindel in der Schweiz bei Elizabeth Holmes anzusprechen.

Die Folge war, dass er sofort gefeuert wurde. Er sollte im Laufe der Jahre nicht der einzige Angestellte des Unternehmens bleiben, der seine Arbeit abrupt beenden musste. Kritik war unerwünscht.

Elizabeth Holmes schien von Kindesbeinen an den Ehrgeiz zu verspüren, ein erfolgreicher Unternehmer zu werden. In der Familie fanden sich erfolgreiche Geschäftsleute, Ärzte und Offiziere. Im Frühjahr 2002 wurde Elizabeth Holmes an der Universität Stanford akzeptiert. Sie bekam ein Stipendium von $3 000, das sie nach eigenem Gutdünken verwenden konnte. Im Sommer 2003 war sie mit Proben beschäftigt, die von der in Asien ausgebrochenen Seuche SARS stammten. Diese Tätigkeit war mühsam und zeitraubend. Ging es nicht anders?

Ihre erste Idee war es, ein Pflaster auf die Haut eines Patienten zu kleben, das gleichzeitig für die Diagnose und die Therapie zuständig sein sollte. Sie reichte einen Patentantrag ein, doch das Konzept erwies sich als nicht realisierbar.

Elizabeth Holmes hatte eine Begabung dafür, mit Power-Point-Präsentationen Geldgeber von ihrem Konzept zu überzeugen. Doch nicht alle glaubten, was sie versprach. Dennoch hatte Holmes Ende 2004 ein Kapital von $6 Millionen von Investoren eingesammelt.

Das Pflaster wurde aufgegeben. Vielmehr sollte nun eine Maschine gebaut werden, die der Biochemie zuzuweisen war. Der Patient sollte einen Tropfen Blut spenden, ihn auf einen Träger in der Größe einer Kreditkarte tropfen lassen und ihn in einen Reader einführen. Innerhalb dieser Maschine sollte die Blutprobe mit Hilfe von Proteinen und Antikörpern untersucht werden.

Die Gründerin stellte sich vor, dass Patienten die Maschine in ihrer Wohnung oder ihrem Haus aufstellen sollten, um regelmäßig ihr Blut zu testen. Die Ergebnisse würden über ihren Computer und Telefonleitungen bei ihrem Arzt landen. Der Doktor würde auf diese Weise in der Lage sein, schnell zu sehen, wie der Patient auf ein Medikament reagierte.

Für die Entwicklung war zunächst Edmond Ku verantwortlich. Der Prototyp, den er vorfand, war kaum funktionsfähig. Sein größtes Problem lag darin, dass Holmes darauf bestand, nur einen Tropfen Blut zu verwenden. Die Ingenieure mussten das Blut mit einer Salzlösung verdünnen. Doch das schuf neue Probleme.

Um voranzukommen, wurde ein zweites Team von Ingenieuren eingesetzt. Es stand unter der Leitung von Tony Nugent, einem Iren. Seine Lösung sah so aus: Innerhalb der Maschine würden die Prozesse ablaufen wie in einem konventionellen Labor. Allerdings sollte die Arbeit von einem Roboter erledigt werden. Anstatt selber eine solche Maschine zu entwickeln, kaufte Nugent von einer Firma in New Jersey namens Fisnar für dreitausend Dollar einen Roboter. Er wurde das Herzstück von Theranos.

4.1 Die Supermarkt-Giganten

Obwohl mit Theranos 1.0 eine Blutanalyse möglich war, bewegten sich die Fähigkeiten des Geräts in engen Grenzen. Proben wurden nach Kalifornien geschickt, und in vielen Fällen wurde die Analyse im Labor nicht mit dem eigenen Gerät durchgeführt, sondern einem konventionellen Analysegerät, das von einem Konkurrenten kam. Gegenüber Kunden und Kontrolleuren der Behörden hielt man diese Vorgehensweise strikt geheim.

Trotz der Schwierigkeiten mit der Technik und mangelnden Zuverlässigkeit der Geräte gelang es Elizabeth Holmes, eine Zusammenarbeit mit den Einzelhändlern Walgreen und Safeway zu arrangieren. Walgreen engagierte sich auch finanziell. Die Idee war es, in den Supermärkten Zonen einzurichten, in denen Kunden ihr Blut testen lassen konnten. Das Ergebnis sollte nach einer Stunde vorliegen.

Die Version 2.0 des Theranos war, in Erinnerung an den größten Erfinder der USA, Edison getauft worden. Die Wahrheit war allerdings, dass dieses Gerät nur bestimmte Tests durchführen konnte. Dazu wurden Antikörper eingesetzt. Vitamin D konnte entdeckt werden, und auch Krebs der Vorsteherdrüse konnte gefunden werden. Andere Arten von Tests, etwa auf Cholesterin, erforderten eine andere Technik.

Eine innovative Technik musste her, um die oben skizzierten Aufgaben anpacken zu können. Holmes heuerte Kent Frankovich an, um sich dieser Aufgabe zu widmen. Die dritte Ausgabe des Geräts wurde miniLab genannt.

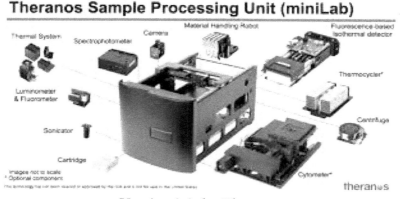

Version 3.0 des Theranos

Obwohl das neue Gerät besser war als die Vorgänger, waren damit nicht alle Probleme gelöst. Wenn man viele Instrumente in einen Kasten packte, würde die Temperatur steigen. Das konnte zu Effekten in der Chemie führen und die Resultate verfälschen.

Auch die US Army interessierte sich für Theranos. Der Einsatz von Bluttests beim Krieg in Afghanistan konnte das Leben von Soldaten retten. Obwohl sich ein General mit vier Sternen für das System stark machte, konnte dessen Ankauf und Einsatz verhindert werden. Ein Punkt, der strittig war, stellte auch die behördliche Zulassung dar. Musste ein Gerät zum Bluttest nicht von der für medizinische Ausrüstung zuständigen Behörde FDA genehmigt werden?

Trotz aller Probleme mit der Technik interessierte man sich auch an der Wall Street für das aufstrebende Unternehmen aus Kalifornien. Elizabeth Holmes hatte es verstanden, prominente Bürger in den Aufsichtsrat zu berufen, darunter den früheren US-Außenminister George Schultz. Auch der Medienmogul Rupert Murdoch stieg ein und kaufte Aktien.

Holmes auf der Höhe ihres Ruhms

Der Niedergang des Unternehmens setzte ein, als einige der gefeuerten Mitarbeiter mit einem Reporter des WALL STREET JOURNAL zu reden begannen. Holmes versuchte, mit der Hilfe teurer Anwälte eine Veröffentlichung zu verhindern, scheiterte jedoch.

Der Artikel mit dem Titel ‚A Prized Startup's Struggles' erschien am 15. Oktober 2015, einem Donnerstag. Darin wurde berichtet, dass lediglich ein Bruchteil der Tests mit der eigenen Maschine durchgeführt wurde. Es bestanden erhebliche Zweifel daran, ob die Resultate vertrauenswürdig waren.

Das Fernsehen griff die Story auf, Magazine wie FORTUNE, FORBES und THE NEW YORKER folgten. Im Silicon Valley verteidigten einige der Investoren Elizabeth Holmes, andere sahen ihre Zweifel verstärkt.

Die Behörden griffen ein, die Staatsanwaltschaft nahm Ermittlungen auf. Das Unternehmen, das mit großen Erwartungen gestartet war, stand vor dem Scheitern. Ob Patienten durch falsche Diagnosen zu Schaden gekommen oder gestorben waren, konnte nicht ermittelt werden. Doch allein der finanzielle Verlust war enorm.

Am 31. August 2021 wurde vor einem Gericht in Kalifornien der Prozess gegen Elizabeth Holmes eröffnet. Der Vorwurf lautete auf Betrug.

Außergewöhnlich ist dieser Fall [12] deswegen, weil es dieses Mal im Silicon Valley nicht um Hardware oder Software ging, sondern um ein neuartiges Produkt im Bereich der Medizin. In diesem Umfeld kann ein Fehler leicht zum Verlust von Menschenleben führen.

Hinzu kommt, dass Ms. Holmes eine junge, attraktive Frau in einem ansonsten von Männern dominierenden Bereich war. Sie war im Juli 2021 im Gefängnis von ihrem ersten Kind entbunden worden.

5 Eine Alternative zum IPO?

Eine *Special Purpose Acquisition Company,* kurz SPAC genannt, ist eine an der Börse notierte Gesellschaft, die im ersten Schritt Kapital von ihren Aktionären einsammelt. Dann schaut sich der Fondmanager nach geeigneten Unternehmen für eine Übernahme (Acquisition) um. Sie wird dabei Kandidaten im Blick haben, die ein Produkt oder eine Dienstleistung bieten, für die in Zukunft ein großer Bedarf besteht. Wenn sich die Parteien einig werden, kommt es zum Kauf dieses Start-ups.

Der Gründer der SPAC [11] kommt meistens aus der Branche, ist bereits Manager eines Fonds und kennt sich in der Branche aus. Das beim Börsengang der SPAC aufgebrachte Kapital wird zunächst auf einem Bankkonto zu marktüblichen Zinsen geparkt, stellt im Grunde die Kriegskasse des Unternehmens dar. Mit den Investoren können bestimmte Vereinbarungen getroffen worden sein, etwa zum Sektor, der für eine Übernahme in Betracht kommt. Oder die Höhe des möglichen Kaufpreises.

Über den Kauf eines Unternehmens entscheidet letztlich, auf den Vorschlag des Fondmanagers hin, die Hauptversammlung der SPAC. Kommt eine Mehrheit zu Stande, wird der Kauf getätigt. Andernfalls bekommen die Anleger ihr Kapital, plus Zinsen, zurück.

In den USA findet man SPACs häufig, in Deutschland und Europa sind sie bisher eher selten.

Der Vorteil beim Verkauf an eine SPAC für die Gründer liegt darin, dass sie genau wissen, was sie für ihr Unternehmen bekommen werden. Bei einem Börsengang kann es vorkommen, dass der angepeilte Ausgabekurs nicht erreicht wird. Deswegen mag es für die Gründer von Vorteil sein, an eine SPAC zu verkaufen.

6 Kann das Modell Silicon Valley kopiert werden?

Copying is the sincerest form of flattery.
Amerikanisches Sprichwort

Es stellt sich natürlich die Frage, ob anderswo ein neues Silicon Valley entstehen kann. Lassen Sie uns die Faktoren, die zu seiner Gründung und seinem Aufstieg beigetragen haben, kurz zusammenfassen:

- Ein Nobelpreisträger namens William Shockley, der in Palo Alto in Kalifornien zu Hause war.
- Ein Universität, deren Leitung expandieren wollte.
- Zwei etablierte Unternehmen von der US-Ostküste, die ihren Töchtern viele Freiheiten erlaubten, aber die Bedeutung der dort gemachten Erfindungen und Produkte nicht erkannt haben.
- Die Verfügbarkeit von Kapital, das eine Anlage suchte.
- Die Bereitschaft, Risiken einzugehen.

In Tabelle 6-1 sind die Orte aufgeführt, in denen versucht wird, ein zweites oder drittes Silicon Valley zu schaffen. Dabei muss es nicht zwangsläufig immer um Elektronik gehen. Auch andere Branchen, zum Beispiel die Biologie, Pharmazeutik oder Gentechnik, kommen in Frage.

Ort	Planung?	Universität?	Wagnis-kapital	Spin-offs?	Klima
Route 128, Boston	Etwas	MIT	Ja	Ja	Ange-nehm
Research Triangle,	Ja	University of	Nein	Nein	Gut

North Carolina		North Carolina, Duke			
Bionoc Valley, Salt Lake City	Ja	University of Utah	Kaum	Gering	Gut
Silicon Prairie, Dallas, Austin	Spontan	University of Austin	Etwas	Einige	Gut
Silicon Valley North, Portland, Oregon	Spontan	Keine	Nein	Keine	Gut
Seattle	Spontan	University of Washington	Nein	Einige	Gut
Orange County, LA	Spontan	UC Irvine	Etwas	Ja	Smog

Tabelle 6-1: Kopien des Silicon Valleys [2]

Die Gegend um Boston, mit dem Massachusetts Institute of Technology, Digital Equipment und Bolt, Beranek & Newman (BBN) galt langer Zeit als aussichtsreichster Kandidat. Leider existiert DEC nicht mehr. Texas bietet sich für die Unternehmen im Silicon Valley für die Ansiedlung der Chip-Produktion an.

Manche der oben genannten Klone sind spontan entstanden, bei anderen haben US-Bundesstaaten mit Subventionen nachgeholfen. Ob das immer ein Erfolgsrezept ist, mag man bezweifeln. Die Zeit wird zeigen, ob das Beispiel von Silicon Valley, seine einzigartige Kultur und sein Lebensstil, nachgeahmt werden kann.

Es kann nicht bestritten werden, dass das Silicon Valley eine Brutstätte für junge Unternehmen ist. Aber die Nachteile [10] fallen ins Gewicht: Die Firmen zahlen hohe Gehälter, doch wenn ein Angestellter von Florida nach Kalifornien zieht, wird er oft feststellen müssen, dass er in San Francisco für einen Schuhkarton von einer Wohnung eine Miete zahlen muss, die in Florida für ein ganzes Haus gereicht hätte.

Die Corona-Pandemie im Jahr 2020 hat einen ohnehin unterschwellig vorhandenen Trend noch beschleunigt. Bekannte Unternehmen verlassen das Silicon Valley. Darunter fallen Dell, AMD und Oracle. HP wurde zwar in einer Garage im Valley gegründet, will aber ebenfalls seine Zentrale verlegen.

Es hat natürlich auch handfeste finanzielle Gründe, wenn Unternehmen von Kalifornien nach Austin in Texas, nun Silicon Prairie genannt, ziehen. An der Westküste zahlt das Unternehmen 8,8 Prozent Steuer an den Bundesstaat, in Texas ist es gerade ein Prozent. Noch deutlicher wird der Vorteil bei der persönlichen Einkommenssteuer: In Texas – und auch in Florida – liegt sie bei null, während in Kalifornien 13,3 Prozent berappt werden müssen.

7 Das Wachstum geht weiter

You must be the change you wish to see.
Gandhi

Als Ende der 1990er Jahre viele Beobachter bereits dachten, die Aufregung um das Internet [4] würde langsam abklingen, tauchte Google auf dem Radarschirm auf. Das Projekt wurde von zwei Studenten in Stanford, Sergey Brin und Larry Page, gestartet. Während sie im Jahr 1996 mit ihren Doktorarbeiten beschäftigt waren, entwickelten sie ein Programm zum Durchsuchen des Internets. Diese Software hieß *BackRub* und suchte nach den Links, die verschiedene Netzknoten miteinander verband.

Zu diesem Zeitpunkt benutzten die meisten Suchprogramme einen Algorithmus, der simpler gestrickt war. Er untersuchte lediglich, wie oft ein bestimmter Begriff auf einer Webseite auftauchte. Clevere Designer konnten dieses Programm leicht täuschen. Sie schrieben diesen Begriff zwar in den Text, verbargen ihn allerdings gegenüber den Anwendern. BackRub war also der bestehenden Software überlegen.

Im Jahr 1998 begann das Start-up mit der Arbeit. Die Studentenbuden der beiden Gründer füllten sich mit Ausrüstung. Brin und Page konsultierten David Filo, der zuvor Yahoo gegründet hatte. Er ermunterte das Paar.

Als das Limit ihrer Kreditkarten ausgeschöpft war, mussten sich Brin und Page um eine Finanzierung kümmern. Sie zeigten Andy Bechtolsheim, was sie vorhatten. Er schrieb ihnen einen Scheck über 100 000 Dollar aus, ohne Bedingungen zu stellen. Ein Jahr später investierten zwei VC-Firmen 25 Millionen Dollar. An der Wall Street wurde Google mit offenen Armen aufgenommen. Die Firma war, im Gegensatz zu vielen anderen Start-ups, bereits in der Gewinnzone.

Heute ist Google im Internet allgegenwärtig und macht Ausflüge in Bereiche, die in Zukunft schnell wachsen könnten. Obwohl Google von seinen Nutzern kein Geld kassiert, ist der Service natürlich nicht umsonst. Wenn eine Firma Werbung macht, kann es dazu Flächen auf einer Litfaßsäule mieten. Sie muss hoffen, dass ein Mensch vorbei kommt, der sich für das angebotene Produkt interessiert. Die Wahrscheinlichkeit, dass sich Angebot und Nachfrage auf diese Weise treffen können, ist relativ gering.

Nicht so bei der Suchmaschine von Google. Weil Google die Eingaben des Nutzers speichert und auswertet, wird es bald viel über den Anwender wissen, ein Profil erstellen können. Damit ist eine sehr zielgerichtete Werbung möglich, die Erfolg verspricht.

Der Service von Google ist also keineswegs umsonst. Die Nutzer bezahlen mit der Preisgabe ihrer Daten.

Finanzdienstleister dringen im Internet vor, und manche Zeitgenossen glauben bereits, das die Gesellschaft auf Bargeld als universelles Tauschmittel bald verzichten kann. Schweden und Rotchina sind in diesem Bereich weit voran geschritten. Doch kann der Verzicht auf Bargeld nicht auch dazu beitragen, die Bürger eines Staates noch stärker zu überwachen, als das in China in den 2020er Jahren ohnehin der Fall ist?

Und dann gibt es noch eine Firma in der Nähe von München, die in Deutschland im Bereich der Finanzdienstleister auf der Erfolgsspur zu sein schien: Wirecard. Leider hat sich herausgestellt, dass mit einer großen Portion krimineller Energie hier eine Luftblase erzeugt wurde.

Wenn wir in den vergangenen Jahrzehnten im Silicon Valley und der gesamten Branche einen Trend ausmachen können, dann ist es dieser: Die Hardware wird als gegeben vorausgesetzt, und das Wachstum verlagert sich in den Bereich der Software. Der Aufstieg von Google liefert dafür ein treffendes Beispiel.

Anhang A: Akronyme und Abkürzungen

AMD	Advanced Micro Devices
AT&T	American Telegraph & Telephone
BBN	Bolt, Beranek & Newman
BUNCH	Burroughs, Univac, National Cash Register, Control Data, Honeywell
DEC	Digital Equipment Corporation
DRAM	Dynamic Random Access Memory
ENIAC	Electronic Numerical Integrator and Computer
FDA	Food & Drug Administration
GPS	Global Positioning System
LA	Los Angeles
LASER	Light Amplification by Stimulated Emission of Radiation

NASDAQ	National Association of Securities Dealers Automated Quotations
NEC	Nippon Electric Corporation
NYSE	New York Stock Exchange
MIT	Massachusetts Institute of Technology
PARC	Palo Alto Research Center
PC	Personal Computer
SARS	Schweres akutes respiratorisches Syndrom
SDS	Scientific Data Systems
SPAC	Special Purpose Acquisition Vehicle
TI	Texas Instruments
UC	University of California
USA	United States of America
VC	Venture Capitalist

Anhang B: Chronologie

Jahr	Ereignis
1958	Arthur Rock finanziert die ‚Acht Verräter', gründet Fairchild Semiconductors.
1961	Arthur Rock macht sich selbstständig und gründet mit seinem Partner Davis & Rock.
1968	Die Investoren bei Davis & Rock vervielfachen ihr eingebrachtes Kapital mit dem Faktor 22.
1968	Zwei der Verräter gründen eine neue Firma namens INTEL.
1972	Don Valentine, ein früherer Mitarbeiter von Fairchild, gründet Sequoia Capital.
1972	Eugene Kleiner, einer der acht Verräter, gründet zusammen mit Tom Perkins von Hewlett-Packard Kleiner Perkins.
1973	Sutter Hill besteht darauf, dass Start-ups einen CEO von außerhalb anheuern, kreiert somit das QUME-Modell.
1974	Valentine wagt es, ATARI zu unterstützen.
1974	Kleiner Perkins lässt Tandem innerhalb des Unternehmens wachsen.
1976	Schritt um Schritt Finanzierung von Genentech durch Kleiner Perkins.
1977	Dick Kramlich und zwei Partner von der Ostküste gründen New Enterprise Associates (NEA).
1980	Apple und Genentech gehen an die Börse.
1983	Arthur Patterson und Jim Swartz gründen Accel Capital.
1983	Steuern werden gesenkt.
1987	Sequoia unterstützt Cisco.
1993	Regierung in Tel Aviv kreiert Fond, um Start-ups zu unterstützen.
1993	UUNET macht das Internet zu einem

	Massenmedium.
1994	Kleiner Perkins unterstützen Netscape.
1995	Yahoo ist eine der ersten Suchmaschinen.
1996	Softbank steckt $100 Millionen in Yahoo.
1997	Benchmark macht eBay zu einem Erfolg.
1998	Business Angels tauchen auf.
2004	Google gibt zwei Klassen von Aktien aus.
2005	Accel finanziert Facebook.

Literaturverzeichnis

[1] Fred Warshofsky, *The Chip War*, New York, 1989

[2] Everett M. Rogers, Judith K. Larsen, *Silicon Valley Fever*, 1984

[3] Michael A. Hiltzik, *Dealers of Lightning*, New York, 2000

[4] Georg E. Thaller, *Das Internet: Die Anfänge*, GDdL, 2013

[5] Georg E. Thaller, *Interface Design*, Frankfurt, 2002

[6] Ted G. Lewis, *Microsoft Rising*, New Jersey, 1999

[7] Ted G. Lewis, *The friction-free Economy*, New York, 1997

[8] Ashlee Vance, *Geek Silicon Valley*, Guilford, 2007

[9] John Carreyrou, *Bad Blood*, New York, 2018

[10] Claus Hulverscheidt, "Ab in die Mitte", in *SÜDDEUTSCHE ZEITUNG*, 15. Dezember 2020

[11] „SPAC invasion", in *THE ECONOMIST*, February 20, 2021

[12] "Theatre of blood", in *THE ECONOMIST*, September 4, 2021

[13] Sebastian Mallaby, *The Power Law*, New York, 2022

[14] "The Computer, Machine of the Year", in *TIME MAGAZINE*, January 3, **1983**

Stichwortverzeichnis

www.ingramcontent.com/pod-product-compliance
Lightning Source LLC
Chambersburg PA
CBHW071006050326
40689CB00014B/3519